普羅旺斯在哪裡？

位於法國東南部的普羅旺斯（Provence），南濱地中海、北邊深入阿爾卑斯山，由六個省組成，境內有呂貝宏（Lubéron）、卡瑪格（Camargue）等兩大自然公園區。
儘管冬季嚴寒、夏季酷熱，還有乾冷的「密斯脫拉風」（Mistral），普羅旺斯的四季依然迷人。春日杏花怒放，櫻桃樹盛開；夏季薰衣草遍野，遊人滿山；秋天葡萄成熟時，也正值狩獵季開始；冬季還有美食極品「松露」，和偶爾從天而降的皚皚白雪！

彼得·梅爾的家在哪裡？

就在呂貝宏地區，坐落於國家公園內，屋後正是呂貝宏山，晴天時，從山頂便能望見地中海。
梅爾夫妻的小屋，位於中世紀山村梅納布（Ménerbes）和奔牛（Bonnieux）之間，離擁有美味「喜綿餐廳」的拉科斯特村（Lacoste）才幾公里。他們很喜歡去南邊的艾克斯（Aix），不過，最愛的還是待在山谷的小天地中，感受普羅旺斯式的幸福！

BROCANTE

尼翁 Nyons
吉恭達斯 Gigondas
卡龐特拉斯 Carpentras
亞維儂 Avignon
勾德 Gordes
胡西翁 Roussillon
科斯特雷 Coustellet
艾普特 Apt
卡瓦維 Cavaillon
呂貝宏
LUBÉRON
奔牛 Bonnieux
豐維耶 Fontvieille
盧瑪杭 Lourmarin
阿爾 Arles
巴儂 Banon
杜杭斯河
DURANCE
隆河
RHÔNE
卡瑪格
CAMARGUE
艾克斯 Aix-en-Provence
馬賽 Marseille
卡西斯 Cassis
地中海
MER MÉDITERRANÉE
土倫 Toulon

A YEAR IN PROVENCE

山居歲月

我在普羅旺斯，美好的一年

PETER MAYLE 彼得・梅爾——著

韓良憶——譯

《山居歲月》新版序

彼得．梅爾

《山居歲月》出版於一九八九年，初版印了三萬本，這在當時算是相當適切的印量。讓我又驚又喜的是，從此以後，這本書以四十種語言，一共銷售了六百萬冊。

然而，這不免令一些人大為不快，他們在紐約、倫敦或巴黎各自站定有利位置，堅稱我是個幫兇，幫忙破壞普羅旺斯。這些人並未說明自己怎能如此篤定，一個教人為難的事實是，他們並不住在這裡，對此一地區所知因而極為有限。即便如此，他們的批評還是促使我將一九九〇年的普羅旺斯與現今的，作了一番比較。

房地產價格上漲，然而不論在義大利、西班牙、佛羅里達州、曼哈頓的肉品批發區，還是任何一處咸認為嘉美住居之地，房價不都也上揚了。

如今，這裡有更多的好餐館和宜人的住居，比方說，有更多的米其林星級餐廳、更多的小館子和更多的民宿，換句話說，更多的選擇。本地釀酒品質大幅改善，簡直喝不出來是昔日的粗酒。所謂的改變，約莫就是以上這些了。

說不定更有意思的是，過去這二十多年來未曾改變的事物。村落市集照樣販賣新鮮食品，沒有真空包裝和大批消毒等當今熱中的做法。寬闊的鄉間空曠荒野如舊，未受主題遊樂園、高爾夫球場和殖民地般的公寓社區荼毒。愛靜的人依然找得一片寧靜，那可是行將絕跡的天賜福氣。還有，世上有很多美麗的地方，因社會進步、交通方便，而變得擁擠、枯燥乏味又平凡無奇，普羅旺斯卻不然，仍保存獨特的風味和古怪卻迷人的氣息。這兒的人說話跟以前一樣，口音濃重含糊；守時這個奇怪的觀念，還是常常被他們拋在一邊；星期天的午餐依舊得至少吃上兩小時才像話。妙極了！

至於從一九九〇年以來個人方面的變化嘛，這些年來我的性格和習性恐怕並未改進多少，我還是很容易受到有意思的消遣引誘而離開書桌，好比說，品酒會啦，前景大有可為的年輕大廚啦，謠傳附近一棵櫟樹下有松露啦，馬賽一間陰暗的阿拉伯式浴場啦，村子裡舉行「奧步」百出的滾球比賽啦，當然，還有從露天咖啡座上觀賞日常生活種種怪面貌這件事。怪的是，長途旅行之類較具雄心的消遣娛樂，卻不再吸引我。我別的地方都不想去，欣然安居此處。我想，這就是知足常樂吧，書名叫做《山居歲月》的文學機遇，幫助我達到這個狀態，對此，我永懷感激。

一本書的成功，顯然不能沒有讀者，幸運如我，結識了成百上千位讀者，有的是當面遇見，有的則是透過書信和照片而謀面。有的與我已成為朋友，而他們每一位都帶給我無上的欣喜。有件事特別令我開心，就是他們背景殊異，有英國上院議員、中國年輕女兵、在監獄服刑的犯人、大學教師、正在學習閱讀的小男孩——他們和其他成百上千位讀者不辭辛苦，寫信給我，對我來講，這些信件比任何一篇讚好的書評，意義更加重大。

欣聞本書在台灣掀起一陣普羅旺斯熱潮，令我非常感動，而如今這本著作經過重新翻譯，將以全新的面貌再次與華文讀者見面，更讓人喜不自勝。期盼在這歷久彌新的書頁之間，普羅旺斯溫暖的人情小故事與自在的生活態度，能夠讓遠在台灣的各位，感受到飄洋過海而來的幸福。

最後，親愛的讀者，容我在此為各位這二十多年來的善意與支持致謝，請繼續支持。

彼得．梅爾小傳

彼得．梅爾曾就讀英格蘭的布萊頓學院，後來又在巴貝多的哈利森學院受教育，在那兒培養出終生對陽光的熱愛。他十六歲輟學返英，起先當侍者和洗衣店貨車司機，皆不成，後來進入蜆殼公司當見習生。

他離開蜆殼後，加入紐約的奧美廣告公司，在大西洋兩岸從事廣告業十五年後辭去這樁正職，期望成為作家。

他的第一本著作《我從哪來？》（對兒童解說生命的種種事實真相）在一九七三年出版，迄今仍在印行，已銷售三百萬本以上。

一九八七年，他遷居普羅旺斯，打算寫小說，可是新生活中種種事物讓他分心，它們後來成為寫作的材料，讓他寫成一九八九年出版的《山居歲月》。本書至今已翻譯成四十種語文，銷售五、六百萬冊，並且停留在倫敦《週日泰晤士報》和《紐約時報》排行榜上三年。續篇《戀戀山城》出版於一九九一年。此後，梅爾寫作了好幾本小說，包括二〇〇七年被改編成電影「美好的一年」的

《戀戀酒鄉》，由羅素．克洛主演，雷利．史考特導演。他最新的小說為《葡萄美酒罪案》和續集《馬賽罪案》。

常有人問起他的嗜好，他有時會自稱對業餘基因工程學、音樂人才星探、鑽石切割、腦部手術入門、裸體擊劍和其他與眾不同的休閒活動感興趣，可惜的是，以上皆純屬虛構，不過想給個人生活增添幾許魔幻色彩而已，他的時間往往都花在養花蒔草和打高爾夫球之類比較平凡的活動上。

其實，他最主要的嗜好是吃午餐，這大概是為了彌補年少時期好幾年的時光，那時他不得不吃可怕的學校伙食。說真的，他希望死神能在最恰當的時刻來臨，就在最後一口的午餐已經下肚，而帳單尚未送來時。

他住在法國，欣然擁有一大堆機會耽溺於這項嗜好。午餐癮君子可以一試的地方，從三星級的美食殿堂到卡車司機小館，不一而足，各有各殊勝之處。你就座，一邊大快朵頤，一邊想到別人可沒你這麼走運，不得不坐在辦公桌前啃三明治，這時真不免會懷抱小人之心，沾沾自喜。

說正經的，梅爾在二〇〇二年獲頒法國國家榮譽軍團騎士勳章，對此他甚感榮幸。

譯者絮語

【名作家】韓良憶

曾經，對於許多生活在歐洲以外地區的人來講，巴黎就是法國，而普羅旺斯，嗯，好像在法國電影或文學中驚鴻一瞥，看來是風光優美之地，應該在法國南部吧。我呢，正是這樣不求甚解的人，幸而在約莫二十年前，如此粗淺的印象隨著一本書改觀了，這本書，當然是《A Year in Provence》（「普羅旺斯的一年」），也就是《山居歲月》。

還記得當年是在舊金山一家書店買下這本書，那時它雖已在美國出版好一陣子，卻依然暢銷，擺在店中最醒目的位置，我隨手翻翻，作者叫Peter Mayle，不認識，但文章帶點英式自我解嘲的幽默感，讀來輕鬆不費力，查了查書後的作者簡介，果然是英國人，而且寫過廣告文案，怪不得文筆那麼簡潔又慧黠，應該很適合帶上飛機，做為長途飛行時解悶的讀物。

結果，這本書豈只能解悶而已，我在黝暗的機艙裡就著頭頂的一盞燈，津津有味地一頁又一頁讀下去，越看還越饞。書中諸多美食佳釀的篇章，實在太吸引從小就愛吃吃喝喝的我了，恨只恨自己人在飛機上，只有飛機餐吃，唉！

我在那次飛行中並未一口氣就讀完了書，總得睡點覺吧。不過回到台北後，總有三四天，我晚上都不和朋友約吃飯，天天提早上床，以便延長睡前閱讀時光，享受這本書帶給我的快樂。

可再怎不捨得，書總有看完的時候，當時就想，這本書應該譯成中文，讓更多台灣讀者看到。隔了一陣子，台灣書市果真出現中文版，傳出口碑，越來越暢銷，普羅旺斯再也不是陌生的地名，而逐漸成為不少台灣人心之嚮往的所在。

二〇〇〇年底，我從台灣搬到荷蘭，那本美國版的《山居歲月》，伴隨著我再次飄洋過海，在新家的書架上和丈夫的荷文譯本並肩而立，我偶爾看著這兩本書，心裡忍不住會嘀咕，可惜當年沒買上一本中文譯本，架上就缺了這個。意想不到的是，事隔多年，這個「缺口」將被填補，有中文新譯本出現了，而譯者，居然是我。

然而坦白講，當初編輯邀我重譯時，我有一點猶豫，因為這本書雖非文學史上煌煌巨作，但多少也已是旅遊文學類型的小經典，我擔心讀者先入為主，對新譯本要求會特別苛刻，重譯毋寧是吃力不討好的差事。

然而，話說回來，這本書畢竟曾賜給我那麼多閱讀的樂趣，更重要的，啟發了我對美好生活的想像。加上這幾年來多次赴普羅旺斯居遊，又已譯過梅爾的幾本書，對他的文風有比二十多年前更多的認識，於是就決定，不要想太多，就譯吧。於是，就有如今你看到的這本或許跟舊譯本不大一樣的《山居歲月》。

有關新譯文的技術層面，我有兩點說明。首先，書中的人名和地名等專有名詞，如果是法國人名和地名，盡量根據法語發音轉譯，不過有些發音在中文並無可對應之字，故而不敢說是百分之百原音重現。

其次，書中有不少篇幅在講普羅旺斯的美食佳釀，有關菜餚之名，我多半採意譯，好比說，第一章就出現了一道叫pebronata的菜，我譯為讓人一目了然的「番茄甜椒燉肉」。至於也頻繁出現的葡萄酒名，則多半參考台灣較通用的譯名，比方côtes-du-rhône酒區生產的紅酒，就譯成隆河丘紅酒。

其他的，就請你翻開書，看個仔細。如果你是老讀者，希望你懷著重拾舊愛的心情來讀，也許會發現，心上人外貌或有些許不同，內在的美好與誠意並沒有改變。倘若你從未讀過此書，那麼且容我當個帶路人，與你一同走進梅爾筆下那個教人無限神往的普羅旺斯。

山居歲月，名家推薦的小確幸

起床、睡覺，白天、黑夜，日復一日平凡地過著日子。在都會中這或許是磨損一個人好奇和感性的反覆，可是將這反覆放在南法普羅旺斯的山居生活中，卻能轉換成帶著小小確幸的日常。

一日一日，一個季節一個季節，微風的溫度不同、綠意的濃度不同、晨光搖曳窗邊花朵影子的姿態不同……

於是，口中香醇紅酒引發的食慾不同，睡意綑綁意識的節奏也不同。

只因為日常是跟著自然移動，只因為這是在普羅旺斯，多麼讓人羨慕地過日子。

——【旅行文字人】Milly

當初讀彼得．梅爾《山居歲月》這本書的時候，我剛從歐洲遊蕩兩個月回來，竟全然不知自己曾經在普羅旺斯待了好些天。印象中那兒風景美得像明信片，小鎮上也多的是販售明信片的小舖子。

那時剛入社會沒多久，前途茫茫，不太清楚除了賺更多錢或成就大事業之外，人生還能有什麼選項。

我想現在跟朋友在台東山裡蓋了間木屋，閒暇過去住幾天：打掃、整地、割草、煮飯、喝酒聊天……難保不是當初讀了這本書之後，腦筋被什麼東西給扭了一下……

——【《蘑菇手帖》主編】湯姆

這個世界上就是有些地方的「風土」特別迷人，例如位於法國南部的普羅旺斯，它位在北緯四十三度，從地圖上看這條線，普羅旺斯往右到義大利有個地名叫做佛羅倫斯，往左到西班牙有個小鎮是畢爾包，都是無比迷人的地方。風土讓它們的氣候舒適、物產豐富、景色宜人，喜愛旅行的人一定要去瞧瞧。要是能像《山居歲月》的作者那樣，直接搬過去住，那就不只是讓人羨慕了，根本就是讓人嫉妒世上哪有這樣好命的傢伙。十多年前從我第一次讀到這本書，我就這麼忿恨不平，至今仍是。

——【《小日子》總編輯】黃威融

一月
Janvier

這一年，始於午餐。

我們一直覺得，每年除夕夜都教人油然生出淒涼之感，大夥總是暴飲暴食，刻意狂歡作樂，一到午夜便舉杯敬酒、親吻，末了再許下注定落空的新年新志向，於是，我們聽說幾公里外的拉科斯特村（Lacoste）喜綿餐廳的老闆，特地為老主顧準備六道菜加粉紅香檳的午間套餐，心中便想，如此展開接下來的十二個月，豈不妙哉。

還不到十二點半，這家石砌小館已座無虛席。現場有些人一看就是講究飲食的老饕，舉家出動，個個體態豐腴，看來每天要花上兩三個小時在餐桌上。他們低眉斂目，暫不交談，奉行著法國人最熱中的用餐儀式。餐館老闆體型龐然，卻擁有一身絕技，能在餐桌間來去自如，他為了這一天，特地穿了絲絨外套，打了領結，八字鬍抹了髮油，梳理得好不油亮，他誦讀菜單，一派熱情，鬍尖不住抖動。這一餐有肥鵝肝、龍蝦慕斯、酥皮包牛肉、拌了橄欖油的沙拉、精選乳酪、口感輕盈到不可思議的美味甜點、助消化酒。這是沿桌獻演的美食詠嘆調，他不時親吻自己的指尖，嘴唇肯定要磨出水泡了。

最後一句「祝您胃口大開」話聲漸遠，餐館內近乎一片寧靜，倒也宜人，食物得到應有的關注。我和妻子邊吃邊想起我們之前都是怎麼過新年的，多半是在密雲遮天的英格蘭。這讓人難以想像，元月第一大外頭竟然陽光燦爛，天色湛藍，可是大夥都說，這乃是常態。說到底，這裡是普羅旺斯。

我們從前常以遊客的身分來到這裡，每年只有兩三週的時間得以享受貨真價實的溫暖與豔陽光。每一次當我們頂著曬得脫皮的鼻子，懷著遺憾離去時，總向自己保證，有一天，我們會定居此地。在漫長灰暗的冬季和濕悶青翠的夏季，我們不時談論此事，無法自拔又無限嚮往地盯著鄉村市集和葡萄園的照片看，夢想著被透過臥室窗戶斜照而入的陽光喚醒。眼下，就連我們自己多少也覺得意外，我倆居然定居下來了。我們下定決心，買了房子，學了法文，向親友道別，託運了兩條狗，成為異鄉人。

到頭來，事情發生得很快，簡直是一時衝動，一切都因為這幢房子。我們有一天下午看到了它，當天還不到晚餐時分，心靈便已入住。

它坐落在村道的上方，位於梅納布（Ménerbes）和奔牛（Bonnieux）這兩個中世紀山村之間。沿著一條土徑，穿過櫻桃樹林和葡萄園，路的盡頭就是這屋子。這是一間農舍，用本地石材建成，經過兩百年風吹日曬，顏色變成有點淡黃又帶些許淡灰。屋子在十八世紀起造時，只有一間房，可是農家建築總是不按計畫只看情況，為了容納孩子們、奶奶們，還有山羊、農具什麼的，屋子不斷擴建加蓋，形成如今形狀不規則的三層樓房。屋子的各部分都很堅固，從酒窖盤旋而上至頂樓的螺旋梯，是用整片的石板鋪成；牆壁有的厚達一公尺，用意是為了擋風，據說密斯脫拉風（Mistral）可以吹掉驢子的耳朵。屋後連著一片有圍牆的院子，旁邊是一座白石砌成的泳池。有三口水井、華蓋成蔭的樹木，還有挺直瘦長的翠綠絲柏、一叢叢的迷迭香和一棵巨大的杏樹。在午後的陽光中，屋子半開半閤的木頭百葉窗有如昏昏欲睡的眼皮，魅力無法擋。

它也沒有受到那令人髮指的房地產開發熱潮打攪，盡其所能地豁免於外。法國人只要建築法規許可就受不了誘惑，非要蓋「可愛的別墅」不可，有時就算法規不許可也照蓋不誤，在截至那會兒仍未受破壞的美麗鄉間，這種情形尤其嚴重。我們在古老的市集城鎮艾普特（Apt）見過這種急就章蓋成的可怕房子，一幢幢盒子似的，用的是一種特別的粉紅中帶青灰色的水泥，屋子就算受盡風吹雨打，那青灰色也始終不褪。法國鄉下除非是受官方保護之地，否則鮮少有哪個地區不遭受此劫。我們這幢房屋有一點特別吸引人，它坐落在國家公園區內，而根據法國傳統，國家公園是神聖不可侵犯的，水泥攪拌機休想靠近。

緊連著屋後，呂貝宏山（Lubéron）拔地而起，最高峰逾一千公尺，從西到東蜿蜒六十四公里有餘。松、杉和矮櫟樹使得山頭終年常青，也讓山豬、兔子和野鳥得以安棲。樹下岩間，野花、百里香、薰衣草和蕈菇遍生。大好晴天，從山頂眺望，一邊是下阿爾卑斯山，另一邊是地中海。一年中大部分日子，在山區散步八、九個小時，可能連一輛車、一個人也見不著。後院等於擴大了近十萬公頃，是狗兒的天堂樂土，也是常年俱在的屏障，讓人不會受到看不見的鄰居的突擊干擾。

我們發覺，比起都市來，在鄉間，鄰居可是舉足輕重的。在倫敦或紐約，你可以在一間公寓居住經年，卻難得與相距不過十五公分、僅一牆之隔的隔壁鄰居交談。在鄉下，鄰居可能和你相隔成百上千公尺，卻是你生活的一部分，你也是他們生活的一部分。如果你湊巧是個外國人，所以顯得略有點兒奇異，那麼別人對你可就會格外感興趣。倘若說，你承接的又是一樁微妙敏感的常年農業協議，你很快便會察覺，你的態度和決定在在直接影響到另一戶人家的生計。

把房子賣給我們的那對夫婦，介紹我們認識新鄰居。那頓晚餐吃了五小時，大夥都極其親善友好，而我們幾乎完全不明白別人在說什麼。他們說的是法語，可是不是我們在課本上學到、錄音帶上聽到的法語，那是一種腔調濃重的方言，發自喉頭後方，通過鼻腔時經一番攪拌，而後變成語言衝出口腔。半生不熟的語音經過普羅旺斯鄉音這一陣捲舌，變得含混而難以辨識。好比說，「明天」變成

「明甜兒」，「酒」成了「揪」，「房屋」成了「放伍」。要是按照正常說話的速度來講這些字詞，而且不加裝飾音的話，這也不成問題，但是他們講起話來像發射機關槍，還常常在字尾多加母音，好討個吉利，以至於人家不過要問你「想不想添點麵包」這樣的初級法語第一課句子，聽起來就像嗯嗯啊啊一串音節，「香不香甜點勉飽啊？」

好在，雖然我們的鄰居說了什麼有如謎團，他們的好性情和親切善良卻是不說自明的。皮膚曬得黝黑的昂莉葉長相秀麗，笑口常開，講起話來如短跑選手，想以破紀錄的最快時間，衝刺到每個句子的句尾。她的丈夫名喚傅斯丹，但我們起初有好一陣子以為他叫「傅斯當」，他個頭很高，個性溫和，舉手投足不疾不徐，講話速度也比別人緩慢。他在這片山谷土生土長，也將終老於此。他的父親安德烈老爹就住在他隔壁，八十歲那年還獵了一頭山豬，從此封槍，不再打獵，改騎鐵馬，每週兩次踩著單車到村裡採買雜貨，順便聊聊八卦。這一家人似乎很知足常樂。

不過，他們對我們有點擔心，不單單因為我們是鄰居，還可能是合夥人。透過濃濃的酒香和黑菸草味，還有更濃重的鄉音，我們總算弄清楚真相了。

我們連同房子一起買下的近兩公頃半的土地，大部分種植了葡萄樹，多年以來都是按照傳統的租佃制度，由地主出資購買新葡萄藤和肥料，農夫負責種植、灑藥和修剪。季末，三分之二的利潤歸農夫，三分之一歸地主。如果土地轉手，協議就需重新檢討，老傅擔心的就是這一點。眾所周知，不少人在呂貝宏山區置產，是為了當「別館」，拿來度假、休閒之用，好好的農地變成美輪美奐的花園。還有更罪大惡極的事，就是挖走葡萄樹，改闢為網球場。網球場欸！老傅不敢置信地聳聳肩，肩頭抬起，眉毛挑高，思索著哪有人會用珍貴的葡萄樹，去交換在驕陽下追逐一顆小球的奇怪樂趣，真是莫名其妙。

他用不著擔心，我們愛死了葡萄樹，愛看它們規律地向山壁延展而去；愛它們隨著春天、夏天轉成秋天，而從翠綠化為墨綠，再變黃、變紅；愛在剪枝的季節，看剪下的枝條燃燒的藍煙；愛在冬季看修剪過的光禿禿藤幹兀立在空曠的田野上。它們理當在這兒，網球場和造景花園卻不該。（就這個角度來看，我們的泳池也不該，但至少它並沒有佔用葡萄園的空間。）何況，還有葡萄酒，我們可以選擇要拿現金或酒，我們平均一年可分到近一千公升優質日常餐用紅酒和粉紅酒。我們用我們那不怎麼靈光的法語，盡量斬釘截鐵地告訴老傅，我們樂意續約。他笑逐顏開，他看得出來，我們會相處融洽。有朝一日，說不定我們還能聽懂彼此在講什麼哩。

喜綿餐館的老闆在門口祝我們新年快樂，我們站在狹窄的街道上，陽光強得讓我們簡直睜不開眼睛。

「不壞吧，啊？」他說，穿著絲絨衣服，比手畫腳的，一隻手臂朝著村子一比，薩德侯爵古堡的廢墟聳立在上方，眼前有山景和明亮澄澈的藍天。他不經意地一揮，好像在介紹自家一角，「能住在普羅旺斯，真有福氣啊。」

誠然，我們心想，一點都沒錯。如果冬季就像這樣，我們根本不需要從英國帶來的那些惡劣天氣行頭，好比靴子、外套和厚毛衣。我們開車回家，肚子飽飽的，一身暖和，盤算著要多久以後就可以下水游泳，想到那些生活在天寒地凍地區的可憐蟲不得不忍受嚴冬，居然半同情半沾沾自喜起來。

在這同時，北邊一千六百公里外，西伯利亞吹起的風正加速進行它最後一段旅程。我們聽過有關密斯脫拉風的點點滴滴，它能把人畜逼瘋，是消磨人心的暴行。它可以一連吹上十五天，把樹木連根拔起，推翻汽車，打破窗戶，把老太太吹進水溝裡，劈斷電線杆，像陰沉的厲鬼般呼嘯穿堂而過，導致發燒感冒、家庭失和、曠職、牙疼、偏頭痛——在普羅旺斯，凡是無法歸咎於政客的問題，就全是「聖風」的錯，而普羅旺斯人講到這種風，語氣中帶有被虐待狂般的意味，頗引以為榮呢。

我們心想，高盧人就是愛誇大其詞。他們假如領教過英吉利海峽吹來的強風和挾帶而來簡直是平直打在臉上的雨水，大概就能明白什麼才叫做狂風暴雨。我們聽人講述密斯脫拉風的林林總總，為了讓說的人開心一點，假裝嘖嘖稱奇。

於是，當這年第一場密斯脫拉風咆哮直下隆河谷時，我們並沒有多少準備。風勢向左一轉，直灌入我們家西廂，風力強到吹掀屋瓦，掉進游泳池，有一扇粗心大意沒拴好的窗子也被吹跑。氣溫在二十四小時內陡降二十度，先降至零度，然後零下六度。馬賽測得的風速為每小時一百八十公里。妻子不得不穿著大衣燒飯，我則想辦法戴著手套打字。我們不再談何時下水游泳的事，開始考慮要不要裝中央暖氣系統。隨後，有天早上，傳來樹枝折斷的聲音，水管因為管中的水一夜之間結凍，承受不住壓力，一根接一根爆裂。

鼓漲的水管塞滿了冰，脫離牆面，懸在牆上，孟尼古奇先生用他那水電工的專業眼光，打量著水管。

「哎呀呀，」他說，「哎呀呀。」他轉向他的小學徒，他總是稱其為「少年仔」或「小伙子」。「小伙子，你看看這是怎麼一回事。光溜溜、沒包絕緣體的水管，蔚藍海岸式的管線，在坎城，在尼斯，都成，在這裡嘛……」

他嘖嘖有聲，很不以為然，一根手指在小伙子鼻子底下搖了搖，強調海岸一帶的暖冬和我們這會兒歷經的嚴寒可不一樣，還把頭上的羊毛帽重重往下一拉，蓋住耳朵。他的個頭短小精悍，如其所言，生來就是當水電工的料，因為他可以擠進逼仄的空間，身材只要稍「大隻」一點可就擠不進去了。我們在等候小伙子備妥氫氣吹管時，孟尼古奇先生對我們發表第一場演說，以後這一年中，他發表了一連串的演說和心得，我呢，則越聽越覺得好聽。今天，我們聽的是一席地球物理學論述，題目為普羅旺斯的冬季為何越來越嚴寒。

一連三年，冬季越來越冷，比任何人記憶所及的冬天都來得冷。說實在的，冷到可以凍死古老的橄欖樹。套用只要太陽不露面普羅旺斯人就會講的一句話，這種情形「太離奇」。然而，原因何在？孟尼古奇先生意思意思，給我兩秒鐘思索，跟著就進入正題，其間不時豎著手指在我身上點來點去，確定我在注意聽講。

他說，從西伯利亞吹來的寒風顯然以比以往更快的速度來到普羅旺斯，抵達目的地的時間就比較短，因此在路上就來不及變暖。而這一切原因何在——孟尼古奇先生為求戲劇效果，停頓一下——地殼的結構改變了，就這麼回事。從西伯利亞到梅納布村之間，有某處原本起伏的地勢變平坦了，使得風得以更直接往南吹。這整件事合乎邏輯，可惜第二段演講（地球為何變得比較平）因又一根水管爆裂而中斷，上課的事就擱到一邊，先來露兩手吹管技藝再說。

天氣對普羅旺斯居民的影響，立竿見影，顯而易見。他們期待每天都陽光普照，倘若不然，心情就不好。在他們看來，下雨簡直是公然侮辱，他們在咖啡館裡搖頭嘆息，抬頭看天，一臉懷疑，彷彿大批蝗蟲就將自天而降；又面露不悅之色，邊走邊注意地面，以免踩到路上的積水。如果還有比雨天更糟糕的日子出現，好比氣溫降至零度以下，結果就更驚人了：大多數人口都不見了。

一月中旬，開始寒意刺骨，城鎮村莊變得安靜了。原本總是擁擠吵雜的每週市集，只剩下少數無畏的攤主，為了生計甘冒霜凍之苦，跺著腳，不時就著隨身酒壺啜一口酒。顧客來去匆匆，買了就走，找回來的零錢也不點數一下。酒吧門窗緊掩，在密不透風的悶熱室內做生意。平常愛在街上溜達的人，一個也見不著蹤影。

我們的山谷冬眠了，我懷念每天幾乎如時鐘般按時傳來的聲響：老傅的公雞清晨報曉；午餐時分每位農夫駕著雪鐵龍小貨車回家的車聲，喀啦有聲又哐噹作響，活像拚命在搖晃裝在餅乾盒中的乾果和螺絲；下午，獵人在對面山坡葡萄園裡巡邏，忽見獵物，槍彈齊發；遠遠的林間傳來鏈鋸的哀鳴聲；農莊的狗兒每逢黃昏便奏起小夜曲。如今，只有沉默。山谷裡有好幾個小時全然清寂空曠，我們好奇了起來，大夥都在做什麼呢？

我們知道，老傅在鄰近一帶農莊遛達，客串屠夫，一刀割斷兔子、鴨子、豬和鵝的喉嚨，扭斷牠們的頸子，好讓人做肉醬、火腿和油封鴨鵝什麼的。我們覺得這門行業不大合乎他的個性，他心地善良到簡直都寵壞了他的狗，然而他顯然手法高明，動作敏捷，而且就跟每一位如假包換的鄉下人一樣，不會一時心軟。我們可能會把兔子當成寵物，對鵝產生感情，但是我們來自城市和超市，那裡的經過處理包裝，和有生命的動物並無相似之處。真空包裝的豬肉塊看來衛生又抽象，同溫熱髒兮兮的豬毫不相干。在這鄉間，死亡和晚餐之間直接相連，無從躲避，以後會有不少時候，我們會很感激老傅在冬季幹這一行。

可是，其他人在做什麼呢？大地封凍，葡萄藤修剪過後正在休養生息，天又冷得無法打獵，大夥都度假去了嗎？當然沒這回事。這些人可不是那種鄉紳農夫，冬天時要不去滑雪，就是到加勒比海開遊艇。八月時，他們在家裡度假，大吃大喝，睡午覺，好好休息，再接下來就是辛勤工作的葡萄收成季了。我們原本百思不得其解，後來明白過來這裡何以有那麼多人生日是在九或十月，有個無法求證的可能答案浮現腦海：他們忙著在屋裡製造寶寶。在普羅旺斯，萬事萬物皆有定時，每年頭兩個月想必是用來繁殖下一代。我們始終就不敢開口問。

寒冷的天氣帶來沒那麼難以啟齒的樂趣，普羅旺斯的冬季景觀清寂，還有一種特別的氣味，在清爽乾燥的空氣中隨風飄浮，氣味更形鮮明。我在山間散步時，還沒看見一幢房屋，便能聞到它的氣味，因為從看不見的煙囪傳來柴火煙味。那是極之原始質樸的生活氣味，在大多數城市因而絕跡，都市既有消防法規，又有室內設計師，這兩者要嘛把壁爐堵死，要不就特意照明打光，做成「建築特色」。普羅旺斯人仍然使用壁櫥，用來烹飪、圍坐爐邊、暖腳、賞心悅目，人們一大早生起火來，終日不時添柴，用的是呂貝宏山區的櫟枝或凡度山（Mont Ventoux）山腳的山毛櫸。暮色將臨時分，我遛著狗兒回家，總在山上駐足片刻，眺望稀落散佈在奔牛路邊的農莊屋舍冒出縷縷如絲帶般的白煙。這幅景象總叫我想起溫暖的廚房和香濃的燉菜，每每令我饑腸轆轆。

廣為人知的普羅旺斯名菜屬夏季食物，好比甜瓜、桃子和蘆筍、節瓜和茄子、甜椒和番茄、大蒜蛋黃醬和地中海魚羹、新鮮的山羊乳酪，還有份量十足的沙拉，裡頭有橄欖、鯷魚、鮪魚、白煮蛋、馬鈴薯片，底下是油亮亮的各色萵苣。每一回當我們眼睛看著英國商店裡那幾樣可憐兮兮的菜色時，追憶起凡此種種的美食，只覺得椎心的痛苦。我們從來沒有想到，普羅旺斯也有冬季菜單，全然不同，卻同樣美味。

普羅旺斯的寒天食物是農家菜，吃了可充飢，給人保暖，增加力氣，讓人吃得飽飽的上床睡覺去。品相並不好看，不是時髦館子裡每道菜份量一點點、裝飾得漂漂亮亮的那種好看，可是在颳起密斯脫拉風的寒夜，冷風如刀，卻沒有什麼能比得上這樣一餐。有天晚上，一位鄰居請我們過去吃飯，不過短短一小段腳程，我們卻冷到用跑的衝過去。

我們一進門，對面牆上壁爐的熱度立刻使我的眼鏡蒙了一層霧氣。霧氣消散後，我看見鋪著格子油布的大餐桌已經佈置好十人份的餐具，親朋好友都來瞧瞧看我倆的德行了。角落裡有架電視在喋喋不休，廚房裡的收音機也在喋喋不休；一位客人進屋來時，主人把貓貓狗狗都趕出去，下一位客人來時，貓狗卻又悄悄地隨之進門。主人端出飲料，男士喝茴香酒，女士飲冰涼的甜白葡萄酒，大夥七嘴八舌，抱怨天氣太壞，話聲從四面八方向我們襲來。英國天氣有這麼糟糕嗎？我說，只有夏天才像這樣。他們起先以為我是說真的，過了一會兒才有人笑了起來，解除了我的尷尬。為了座位問題，又一陣兵荒馬亂，他們是想坐在我們旁邊，還是想離得越遠越好，我就說不上來了——大夥好不容易都就座了。

這是我們永遠不會忘懷的一頓晚餐，說得精準一點，是我們永遠不會忘懷的好幾頓晚餐，因為這一頓飯不論就份量和時間長短來說，都是我們以往所不曾經歷過的。

首先端上的是自製披薩，不是一盤，而是三盤，鯷魚、蘑菇和乳酪口味各一，每個人都有義務每種各吃上一片。桌子中央擺了六十公分長的麵包，大夥撕下麵包，拭淨自己的盤子後吃掉，下一道菜上桌。有兔肉、山豬肉和鶇鳥肉做的肉醬、淋了葡萄酒渣烈酒的豬肉凍、加了胡椒粒的香腸、新鮮番茄醬汁醃泡的袖珍甜洋蔥。大夥再次用麵包拭盤子，鴨肉跟著上桌。切成長條薄片的鴨胸肉，在盤上鋪成扇形，一旁淋了油亮的醬汁做花樣，品相高雅，這種在新派烹飪餐館裡才有的精緻菜色，這裡可見不到。我們吃的是整塊的胸肉、整隻的鴨腿，淋了厚厚的濃黑醬汁，旁邊圍著野菇。

我們往後一靠，慶幸自己有辦法把菜都吃光，卻近乎驚恐地看著別人又一次拭淨盤子，一口熱騰騰的大砂鍋端上桌來。這是女主人的拿手好菜——色重又香濃的紅酒煨兔肉。我們軟弱地請求只要一小塊就好，主人滿面微笑，卻相應不理。我們把它吃了下去。我們吃了大蒜橄欖油炸麵包丁拌生菜沙拉，吃了圓滾滾的山羊乳酪，吃了主人家女兒做的杏仁奶油蛋糕。那天晚上，我們為英國而吃。

隨咖啡一起上的，還有數種本地產的「助消化酒」，裝在已變形的酒瓶中。要不是我的肚子一點空間也沒有了，不然我的心臟肯定會往那兒一沉，然而主人盛情難卻。我一定得試試其中一種，是按照十一世紀下阿爾卑斯山某個嗜酒的僧侶團配方釀成的。倒酒時，主人要我閉上眼睛，待我睜眼時，看見眼前擺了一杯看來可怕的黃色液體。我絕望地環顧全桌，大家都眼睜睜地看著我，我無論如何都不可能把酒倒給狗兒喝，也無法讓它沿著褲腳流進我的鞋子。我一手緊抓桌緣支撐身子，另一手拿起杯子，閉上眼，一邊祈求庇護消化不良者的聖徒保佑我，一邊灌酒。

沒有東西出來。我原本以為最好的情況會是，舌頭一陣灼熱，最差的則是味蕾從此麻木，我喝下去的卻只有空氣。這是一只整人酒杯，自我成年以來頭一次因為不必喝酒而深感欣慰。其他賓客的笑聲漸歇，真酒再次構成威脅，還好貓咪救了我們。貓兒為了追趕一隻飛蛾，從牠位在衣櫥頂的小窩一躍而下，迫降在餐桌上的咖啡杯和酒瓶之間。這看來是告辭的好時機，我們走路回家，邊走邊按摩著肚皮，全然沒注意天寒地凍。我們無力說話，倒頭沉沉睡去。

即便按照普羅旺斯傳統，這也不算是日常的一餐。在田裡幹活的人往往午餐吃得好，晚餐吃得少，這個習慣既健康又合理，對我們來講卻是辦不到的事。我們發覺，沒有什麼能比好好吃頓午餐，更讓我們晚餐胃口大開。我們得小心囉，這一定是我們初來乍到，住在這美食豐饒之地，周遭盡是愛好美食幾近狂熱的人，因此感到新奇的緣故。就拿肉販來說吧，他們可不甘於光是把肉賣給你而已。雖然你後面有不少人在大排長龍，他們照樣長篇大論告訴你這肉該如何烹調、如何上菜，又要搭配什麼菜、哪種酒。

頭一回碰到這情況，是我們到艾普特買小牛肉時的事，我們打算做普羅旺斯式的甜椒番茄燉肉。有人指點我們去老城區一家肉店，聽說那肉販是位達人，做買賣「非常嚴謹」。他的店面很小，他和妻子兩人的個頭卻不小，我們四人湊在一起，店裡可熱鬧了。他專注傾聽我們說明準備做哪道菜；說不定他聽說過這道菜。

他老大不高興地哼了一聲，使勁地磨起一把大刀，其氣勢之強，震得我們後退一步。他說，我們難道不了解，我們眼前這位正是專家，恐怕是沃克呂斯（Vaucluse）一帶最厲害的甜椒番茄燉肉權威？他的妻子佩服得直點頭。怎麼說呢，他一邊在我們面前二十多公分處揮舞著利器，一邊說，他為此寫過一本書，一本說法再可靠也不過的書，記載了二十種從基本食譜變化而來的做法。他的妻子又點頭，她彷彿是外科名醫的資深護士，負責在手術前遞刀子給他磨。

我們想必配合地露出了敬佩有加的表情，因為他接著就切下一大塊漂亮的小牛肉，語氣也變得十分專業。他割除肉的肥油和筋膜，把肉切成方塊，把剁碎的香草裝進小袋子中，告訴我們該去哪裡買最好的甜椒（四顆青椒加一顆紅椒，因為顏色有個對比，樣子才好看），他把做法講了兩遍，確保我們不會犯下愚蠢的錯誤，同時建議我們該用哪一種紅酒燒菜較合適。他的演出太精采了。

普羅旺斯處處有老饕，金玉良言有時出自最讓人意想不到的人物。我們逐漸習慣法國人對食物的熱情，就像別國人士熱中體育和政治那樣。話雖如此，當我們聽到清潔地板的巴紐爾先生品評三星餐廳時，還是大吃一驚。他從尼姆（Nimes）來此替我們的石材地板做磨砂處理，我們打從一開頭就看出，這位仁兄絕對不會怠慢自己的肚皮。每天一到正午時分，他便脫下工作服，前往本地一家餐館用餐兩小時。

據他評斷，這家館子不差，但是當然不能跟雷波（Les Baux）的「勃恩馬尼耶」（Beaunmanière）餐廳比。勃恩馬尼耶有米其林三星，滿分二十的戈米氏指南（Gault-Millau Guide）則將它評定為十七分。巴紐爾先生說，他在那兒吃過美味無以復加的酥皮海鱸魚。注意了，羅安（Roanne）的「特拉瓦格拉瓦」

（Troisgrois）餐廳也很棒，可是就位在車站對面，景觀不如雷波美。特拉瓦格拉瓦餐廳也有三星，在戈米氏指南中得分十九．五。他一邊調整護膝墊，擦洗我們家的地板，一邊滔滔不絕地評介五、六家法國最昂貴的餐館，都是他每年從事美食之旅時造訪過的館子。

他去過英國一次，在利物浦一家旅館吃了烤小羊肉。那肉色澤灰暗，吃來半冷不熱又沒有味道。不過當然啦，他說，眾所周知英國人宰羊要宰兩次，一次是在屠宰羊時，另一次則是在烹調時。有人如此撻伐侮蔑我國的食物，我招架不住，只得撤退，留下他一面清理地板，一面夢想下一回要造訪波居斯（Bocuse）的館子。

天氣嚴寒依舊，夜晚寒意刺骨，但繁星滿天，星光燦爛，日出景象更是壯觀。有天一大清早，太陽顯得異常的低且碩大，迎著晨光走去，眼前所見不是一片明亮，就是陰影濃重。狗兒遠遠跑在我們前方，我聽見牠們吠個不停，隔了好一會兒才看見牠們找到了什麼。

我們來到森林中一塊地層下陷成深碗形的地方，一百年前，有個不明就裡的農民在這兒蓋了一幢房屋，由於周遭林木茂密，這屋子幾乎終年不見陽光，十分陰暗。我路過多次，總見門窗緊閉，唯一有人居住的跡象是煙囪裡冒出的煙。屋外的院子裡，有兩隻大狼狗和一隻黑色雜種狗在那兒徘徊、咆哮和拉扯頸上的鐵鍊，想要飛撲攻擊任何過路的人。這幾隻狗是有名的兇惡，其中有一隻曾掙脫鐵鍊，把安德烈老爹的腿部後方咬開了一條口。我的狗兒碰到了溫馴的貓咪就十分英勇，卻很明智地決定最好離這三組不懷好意的利爪遠一點，從而養成路過此屋時繞道而行，改爬上一處小陡坡的習慣。這會兒，牠們站在坡頂，猶疑又神經緊張地狺狺而吠，狗兒在熟悉的環境遇見意想不到的事物時，往往會如此這般給自己壯膽。

我上到坡頂，晨曦直入我的雙眼，但我仍辨識出林間一個人的身影，他的頭頂籠罩著一圈白霧，狗兒在安全距離外朝著他吠叫，監視著他。我走向前，他伸出一隻冰冷、瘦骨嶙峋的手。

「你早，」他從嘴角抽出一截菸蒂，自我介紹：「我姓馬索，名安端。」

他一身要上戰場打仗的打扮，污漬斑斑的迷彩外套、迷彩帽、子彈帶、壓動式的獵槍。他臉孔的膚色和紋理酷似匆促烹煎的牛排，鼻子凸出於被尼古丁燻黑的雜亂八字鬍上方。他薑黃色的眉毛糾結怒生，底下露出灰藍色的眼瞳，盯著人瞧。他微笑時露出一口爛牙，就算是最樂觀的牙醫，看到這牙也會感到絕望。然而，他卻給人一種瘋狂但親切可人的感覺。

我問他打獵成績如何，「一條狐狸，」他說，「但是太老了，不能吃。」他聳聳肩，又點了一根菸，那菸是用黃色的玉米紙捲的，聞起來像清晨剛升起的營火。「無論如何，」他說，「牠不會害我的狗整晚都不睡了。」他衝著山坳那幢房子點點頭。

我說他的狗好像很兇，他咧嘴而笑。就愛玩愛鬧而已，他說。可是有一次有一隻掙脫，攻擊了一位老人家，那事又怎麼說？啊，那個呀。他記起這件不愉快的事，搖搖頭。麻煩在於，他說，絕對不能背對著一隻愛玩愛鬧的狗，而老人就犯了這個錯。真是一場禍害。一時之間，我以為他是在為安德烈老爹受傷的事表示遺憾。狗兒咬破老爹腿上的血管，老爹必須到醫院打針，還縫了好幾針，然而我會錯意了。真正讓馬索難過的是，他不得不買一條新鐵鍊，卡瓦雍（Cavaillon）的那些土匪強盜居然要價兩百五十法郎。那比狗牙更傷人哪。

為了不讓他痛苦下去，我轉換話題，問他是否真吃過狐狸肉。他好像很驚訝有人會提出這種笨問題，一言不發，瞪著我直看了好一會兒，好像在懷疑我拿他開心。

「英國人不吃狐狸肉嗎？」我彷彿看見英國「好獵俱樂部」會員投書泰晤士報，同時為此一不符合運動精神、誠然只有外國人才有的行為，而集體心臟病發作。

「不吃，英國人不吃狐狸。英國人會穿著紅外套，帶上幾隻狗，騎馬追逐狐狸，然後砍掉牠的尾巴。」

他仰起頭，一副好生驚愕的模樣。「好怪異呀，英國人。」跟著，他津津有味又輔以精確到駭人地步的手勢，描述文明人都是怎麼處理狐狸的。

馬索獨家特製紅酒狐狸肉

找一隻年輕的狐狸，要乾淨俐落地命中頭部，頭部沒什麼好吃的。子彈若打在狐狸可食用的部位，會害得牙齒受損缺口——馬索給我看他兩顆受損的牙齒——而且會造成消化不良。

給狐狸剝皮，肢解。這裡，馬索做出用刀朝著鼠蹊部砍下的動作，又不厭其煩地比出扭轉和用力拉扯的手勢，來說明取出內臟的程序。

把清理好的屠體放在流動的冷水下二十四小時，去除狐臭味。瀝乾，置於麻袋中，紮成一大包，在屋外吊一夜，結霜的夜晚尤佳。

次晨，將狐狸肉置於鑄鐵鍋中，淋上狐血和紅酒的混合汁，加香草、洋蔥和整顆的蒜頭，文火燉上一、兩天。（馬索歉然表示，他無法確切說明要燉多久，不過他說，燉煮時間要看狐狸的大小和年齡而定。）

很久以前，吃狐狸肉要配麵包和水煮馬鈴薯，但如今時代進步，有油炸機了，所以可以配上炸薯條吃啦。

馬索說得意興遄飛，收不住口。他告訴我，他離群索居，冬天時難得有人作伴。他在山裡過了一輩子，可是如今正考慮要不要搬到村子裡，跟人群在一起。當然啦，要離開這麼美的一幢房子，太讓人難過了，這房子如此安靜，如此不受密斯脫拉風吹襲，坐落位置如此完美，曬不到正午的驕陽，他在這兒度過那麼多快樂的年月。離開這裡，會讓他心碎的，除非——他猛盯著我瞧，灰藍色的眼睛盈著淚光，眼神誠懇——除非是他就讓我幫個忙，找我的朋友買下這屋子。

我朝下看著那佇立在陰影中搖搖欲墜的房屋，三隻狗拖著生鏽的鐵鍊走來走去，沒完沒了，心想，走遍整個普羅旺斯，也很難找到比這屋子更讓人不想住的地方。沒有陽光，沒有景觀，沒有空間感，而且幾乎可以確定的是，內部想來既潮濕又恐怖。我答應馬索會把這事放在心上，他衝著我眨眨眼。「一百萬法郎，」他說，「犧牲價。」在這同時，只要他還沒離開這天堂角落，我要是對鄉村生活有任何問題，他願意給我意見，他對這森林裡每一寸土地都瞭如指掌，知道蘑菇長在哪裡、山豬到哪兒喝水、該用哪種獵槍、如何訓練獵犬——他無所不知，只要我開口，他傾囊相授。我向他道謝。「這沒啥。」他說，拖著沉重的步伐下了坡，走回他的百萬法郎豪宅。

我告訴村裡一位朋友，我遇到馬索，他笑了笑。

「他有沒有教你怎麼燒狐狸肉？」

我點點頭。

「他有沒有想辦法推銷他的房子？」

我點點頭。

「那傢伙老不正經的，就愛胡說八道。」

我並不在意，我喜歡他，覺得他這人可以提供一大堆充滿奇想又極其可疑的信息。他將帶我領略鄉村風情之樂，而孟尼古奇先生則將負責比較科學的事情，眼下，我只需要一位領航員，引領我渡過法國官僚體系煙霧迷濛的水道，這水道錯綜複雜，迂迴曲折又難行，可以化簡為繁，把小蟻丘變成重岩疊嶂。

買房子時手續之繁瑣原就該令我們心生警惕了。我們想買，屋主想賣，雙方談妥價錢，就這麼簡單明瞭。但是我們接著下來卻只能心不甘情不願地參加法國舉國上下熱愛的蒐集文件運動。我們必須繳交出生證明，證明我們的存在；出示護照證明我們是英國人；要有結婚證書，買的房屋才能置於兩人名下；前次婚姻的離婚證明以證明我們的結婚證書有效；還要有可證明我們在英國有地址的文件（我們的駕照上明明白白記載了地址，卻被判定不足以佐證，我們有沒有更正式的文件可以證明我們住在那裡？比方說，舊的電費帳單）。各種文件在英、法兩國之間飛來飛去，資訊鉅細靡遺，就差沒索取血型證明和指紋，而後本地有位律師總算把我們一生都收進檔案裡，這時，房屋可以過戶了。

我們容忍這整套做法，因為我們是外國人，要買下一小塊的法國土地，而國家安全顯然不可不保衛。較不重要的事項肯定會辦得快一點，書面作業也不會那麼繁雜。於是，我們去買車。

是很普通的雪鐵龍2CV雙馬力車，過去這二十五年來車款沒變更多少，因此每個村落都買得到零件。從機械角度來看，它不會比縫紉機複雜多少，任何一位技術還算可以的黑手都能修護。這車便宜，最高車速不會快到令人不舒服。除了避震器像是用牛奶布丁做成，使得它成為世上唯一令人坐了會暈船的車輛之外，這車子好看又實用，而且車行恰好有現貨。

銷售員看著我們的駕照，歐市各國皆通用，有效期限至公元兩千年。他帶著萬分遺憾的表情，搖搖頭，再抬起頭來。

「不行。」

「不行？」

「不行。」

我們拿出秘密武器：兩本護照。

「不行。」

我們東翻西找各式文件，他會要什麼呢？我們的結婚證書？舊的英國電費帳單？我們宣告放棄，問他除了錢以外，究竟還需要什麼才能買車子？

「你們在法國有地址嗎？」

我們給他地址，他小心翼翼地抄在出貨單上，一再檢查，確保第三張複寫紙字跡清楚。

「你們有東西可以證明這是你們的地址嗎？電話費帳單？電費帳單？」我們解釋說，因為才剛搬進去，尚未收到任何帳單。他則說明一定要有地址才能發「灰卡」，亦即行照，沒有地址就沒有行照，沒有行照就沒有車。

好在，他的業務員本能凌駕了法國人對官僚制度僵局的喜好，他傾身向前，提出解決方案：只要提出房屋買賣契約書，一切便可順利且圓滿地完成，我們就可以拿車了。房屋買賣契約書在二十四公里外的律師樓那裡，我們跑去拿來，得意揚揚地放在他桌上，還附上一張支票。這會兒，可以拿車了吧？

「可惜，不行。」我們必須等到支票兌現，雖說開票的是本地銀行，但仍需要等上四、五天。我們能不能一起去銀行，當場立刻將支票過戶？不，沒辦法。現在是午飯時間，法國人在兩方面領先全球——官僚制度和美食，這兩者結合在一起，形成我們的僵局。

這件事讓我們變得有點偏執狂，有好幾個星期，我們出門總帶著家裡所有證件的影本，逢人便出示護照和出生證明，也不管對方是超市的收銀員，還是合作社裡幫我們把酒裝上車的老先生。對方也總是對這些文件抱以興趣，因為文件在此地是神聖且值得尊敬的事物，但是別人也常常問我們，為什麼帶著文件到處走，是不是但凡住在英國，就非得這樣不可？那想必是個奇異又煩人的國家啊。

面對這種問題，我們只能聳肩以對。我們可常常在練習聳肩。

一直到一月最後幾天，天氣才不那麼嚴寒，接下來就感覺得出天氣變暖了。我們期待春天，我迫不及待想聽聽專家預測，決定去請教林中那位賢達之士。

馬索捻著他的八字鬍，沉思。他說，是有些跡象。老鼠能比精密的人造衛星更早察覺到暖和氣候到來，而過去這幾天來，他家屋頂上的老鼠異常活躍。說實話，有天晚上吵得他睡不著覺，他朝著天花板開了兩槍，才使得牠們安靜下來。呃，是這樣沒錯。還有，新月就要出現了，每年這個時候，新月也常常帶來改變。根據這兩個明顯的徵兆，他預測今年的春天會來得早，來得暖。我趕回家去看杏樹可有開花的跡象，並且考慮要不要清洗游泳池了。

二月
Février

我們訂的《普羅旺斯報》的頭版通常都刊登本地足球隊的佳績、小政客打高空式的發言、有「普羅旺斯的芝加哥」之稱的卡瓦雍發生超市搶案扣人心弦的報導，偶爾還有小雷諾車駕駛想與賽車冠軍比美，從而造成有人橫屍街頭的血腥記載。

二月初的一天，傳統卻被擱置一旁，頭版頭條與運動、犯罪或政治無關：白雪皚皚籠罩普羅旺斯！頭條標題如是疾呼，字裡行間卻不無歡欣的意味，因為接下來的報導肯定都將顯現老天爺行為反常造成的後果。有媽媽寶寶受困於雪中汽車一夜卻奇蹟生還；老人險些凍死，幸好有警覺的鄰居發揮公德心救他一命；直升機在凡度山一側救起登山客；郵差克服萬難，遞送電費單；村落耆老話起昔日的雪災——接下來一段日子，有好多資料可寫了，我們可以想見記者是如何興致勃勃地寫出第一篇稿子，他寫個幾句就停筆片刻，看看哪裡可以再多加幾個驚嘆號。

帶有節慶氣氛的文稿附了兩張照片，一是尼斯英國人海濱漫步道上成排棕櫚樹，覆蓋著雪花，好似白色羽毛大傘。另一是在馬賽，有個穿著厚重衣物的人用繩子拖著帶滑輪的電暖器在雪地上行走，活像在遛著一隻不聽話的瘦狗。沒有鄉村雪景照片，因為鄉村道路不通，最近的鏟雪機在里昂北邊，有三百公里之遙，而說起普羅旺斯人，即便是勇敢的新聞記者，也習慣在灼燙的瀝青路上風馳雲駛，雪可不敢冒險跳冰上華爾滋，還是待在家裡或躲進最近的酒館裡好了。說到底，雪也不會下太久，這是突變現象，老天爺不過打了個嗝。大家就有理由可以再點一杯牛奶咖啡，或許喝杯更有勁道的東西，給自己壯壯膽，這才好走到屋外。

我們的山谷在一月的寒天中本已靜謐，這會兒白雪更增添了沉寂，整個地區彷彿安裝了隔音設備。我們坐擁陰鬱而美麗的呂貝宏山，山間步道結著白色的冰，連綿不絕，筆直成行，印著偶然穿徑而過的松鼠和兔子留下的足跡。除了我們以外，再無人類的腳印，獵人也躲在家中，天氣稍暖和時，經常看得見他們帶著武器，還有香腸、麵包、啤酒、香菸等英勇面對大自然時不可少的其他裝備，在山區走動。我們誤以為聽見槍響，卻是樹枝不堪雪的重量而折斷的聲音。此外便是一片寂靜，馬索後來評論說，靜到聽得見老鼠放屁。

我們家附近，車道上積雪及膝，吹雪成丘，如微形的山景，出門只能靠步行。不過買條麵包好像要去探險，得花上近兩個小時，自家門往返梅納布的路上，看不見一輛移動的車輛，蓋滿白雪的車子像綿羊般乖乖停在通往村子的山路旁。如聖誕卡圖案的氣象感染了村民，他們設法在又陡又滑的街道上行走，不是顫巍巍地前仆，就是更加顫巍巍地後仰，好像喝醉酒的人在溜冰似的，戰戰兢兢，手忙腳亂，這副模樣連他們自己都覺得好笑。村公所派出清潔隊，兩人一組，拿著掃帚，清理通往肉店、麵包店、雜貨店和咖啡館等重要據點的道路。村民三五成群，佇立陽光下，彼此道賀，恭喜大夥兒拿出堅忍不拔的精神面對災難。有人從村公所方向滑雪過來，妙極又無從避免地與除他之外唯一擁有輔助交通工具的人撞個正著，對方駕著古老的雪橇。可惜《普羅旺斯報》的記者不在現場，不然的話，他大概會寫下「大雪造成兩人迎面相撞」，而且他還可以坐在溫暖舒適的咖啡館，目睹事故經過。

狗兒如小熊般很快適應了雪，鑽進雪堆，染白了鬍子出來，踏雪大步躍過田野。牠們還學會溜冰。幾天以前，我還盤算著要清理我們的泳池，準備等著早春戲水，池裡現已結了藍綠色的冰，狗兒似乎大受吸引，先放兩隻前爪上去，然後小心地放第三隻試試看，末了最後一爪也跟進。狗兒會在上面站個一會兒，想著生活真奇妙，前一天還能喝的東西，第二天卻可以站在上面。狗兒隨即興奮地搖起尾巴，向前溜起冰了。我一直覺得狗走路跑步，驅動的原理就像四輪傳動的汽車，每隻腳有同等的推進力，但是動力似乎集中在後腿，因此狗在溜冰時，前半身或許打算直線前進，後半身卻完全失去控制，左搖右晃，有時險些要翻車。

我們像被放逐到景色優美如畫的大海上，眼前種種無不新奇，白天，一切都教人愉悅。我們一散步就是好幾公里，我們砍柴，我們吃豐盛的午餐，讓自己暖呼呼的。然而到了晚上，雖然升起了火，穿著毛衣，吃了更多東西，寒氣卻從腳底的石板和四壁的石牆滲出，凍僵了腳趾，肌肉也緊縮了。我們往往不到九點就上床，常常清早坐在桌旁吃早餐時，一呼吸就是一團白煙。如果孟尼古奇的理論正確，這世界的確比以前平坦了，那麼以後的冬天都會如此寒冷。是時候了，我們不能再假裝自己住在亞熱帶，該向中央暖氣的誘惑低頭了。

我打電話給孟尼古奇先生，他焦急地問起我的水管，我告訴他，它們還好好的。「這樣我就放心了，」他說，「因為現在是零下五度，路上很危險，我又已經五十八歲了，我要待在家裡。」他稍停片刻，又說：「我要吹單簧管。」他每天吹單簧管，好保持手指靈活，還可讓他忘懷水電工作的煩憂。我費了好一番工夫，才讓他不再大談對巴洛克音樂家的看法，將話題拉到我們家太冷這個世俗的話題。最後我們談妥，一旦路面清空，我就上他家一趟。他說，他家有各式各樣設備，燃瓦斯的、用油的、用電的，應有盡有，最近還進了一種旋轉式的太陽能取暖板，每一樣都可以給我看，我還可以見見他妻子，她是位很有造詣的女高音。我肯定要在電暖器和水龍頭的環繞下，欣賞音樂演出了。

眼看家裡可以變暖，讓我們想起夏季，開始擬定計畫，打算把有圍牆的後院改建成露天客廳。院子裡頭原本就有烤肉台和吧台，就只缺一張堅固耐用的大桌子。我們站在十五公分厚的積雪中，設法想像八月中旬在這兒午餐的情景。想著那一百五十公分見方的石板桌，大得足可坐下八個肌膚曬成古銅色、打著赤腳的人，桌面中央放了大盆的沙拉、肉醬、乳酪、涼拌烤甜椒、橄欖麵包和冰涼的葡萄酒後，空間還綽綽有餘。密斯脫拉風在院子裡呼嘯而過，在雪中吹走了事物的形跡，可是這時我們已打定主意：桌子得是正方形的，桌面是整塊的石板。

大多數人來到呂貝宏，都不免讚嘆，此地的石材種類真多，用途真廣，我們也是這樣。塔維爾（Tavel）採石場的冷石呈淡褐色，平滑細密；拉科斯特的熱石較粗較軟，白中帶灰；兩者之間尚有二十種色調和質地不同的石材。做壁爐、泳池、台階、牆壁、地板、庭園椅凳和廚房水槽，都各有石材。可粗可磨光，邊緣要銳利或圓潤，切割成正方形或要切成起伏有致的曲線形，都可以。在英國或美國，有些地方建築工人會運用木材、鐵或塑膠為建材，這裡則用石材。我們發現，唯一的缺點是，冬天時太冷了。

價格才真的讓我們大吃一驚。石頭以公尺為單位計價，比油氈還便宜，這個極易讓人產生誤解的發現，教我們大為欣喜——我們方便行事，沒去注意砌石材的費用——決定不等春天到來，便不顧嚴寒，逕赴採石場。有朋友介紹拉科斯特有位名叫皮耶羅的仁兄，他的手藝好，價錢公道。朋友形容此人很有個性，我們和他約好一早八點半見，那時採石場還很安靜。

我們遵照拉科斯特村外路標指示，開上一條小路，穿過矮櫟樹林間，來到一片開闊的鄉野，看來不像輕工業區，我們正打算掉頭回去，卻差一點跌進我們正在找的地方——一個大坑，裡面散放著石塊。有的是原石材，有的已做成墓石、石碑、巨大的花盆、小型凱旋門、粗短的圓柱以及有翅膀的天使，後者瞪著沒有眼球的眼睛，教人看了不太舒服。角落裡有間小屋，窗戶經年承受採石場的落塵，已變成不透明了。

我們敲門而入，皮耶羅在屋內。他頭髮亂蓬蓬的，留著濃密的黑色落腮鬍，眉毛粗黑，外貌像海盜。他請我們入座，用一頂揉得不成樣子的呢帽，拍打兩張椅子上的灰塵，然後小心翼翼地把帽子蓋在桌上的電話機上頭。

「英國人啊？」

我們點點頭，他傾身向我們靠過來，一副神秘兮兮的樣子。

「我有輛英國車，艾斯頓．馬丁老爺車，棒透了。」

他親吻自己的指尖，鬍子因此沾上白灰。他又在桌上的紙堆裡翻來找去，弄得灰塵亂飛，有張照片不知在哪裡。

電話開始粗聲粗氣一陣響，皮耶羅把它從帽子底下緊急解救了出來，越聽電話臉色越凝重，最後掛了電話。

「又有人訂墓石，」他說，「都是這天氣在作祟，老人家禁不住這種冷。」

他四下尋找他的帽子，在自己腦袋上找到，放回電話機上，想把壞消息蓋住。

他回到眼前這樁買賣，「聽說你要一張桌子。」

我已經把我們想要的桌子畫成詳細的草圖，桌子大小要多少公尺多少公分，標示得清清楚楚。對一個只有五歲小兒藝術才能的人來講，這算是傑作了。皮耶羅稍微瞧了兩眼，瞇眼看數字，搖了搖頭。

「不行，這麼大的一塊石板，厚度必須加倍。還有，只要五分鐘，底座就會，噗！垮下來，因為桌面重……」他在我的草圖上做了計算，「三、四百公斤。」他把紙翻過來，在反面畫了起來。「嗯，這個才是你要的東西。」他把紙推過來，畫得比我好多了，是一張好看的石桌，簡單，方形，比例勻稱。「一千法郎，包含運費。」

我們握手成交，我答應過幾天帶支票來。送去那天，正是一天即將收工的時候，我發現皮耶羅整個人變了顏色，從呢帽頂到腳上的靴子統統是白的，他渾身都是灰，好像剛在糖粉裡打過滾似的。我生平見過單單工作一天便老了二十五歲的，僅此一位。據我們那些消息不盡然可靠的朋友說，皮耶羅每晚回家，妻子得用吸塵器吸他全身，而他家所有家具，舉凡扶手椅到淨身盆，統統是石頭做的。

這會兒，我可信了朋友的話。普羅旺斯的隆冬有種怪異又不真實的氣氛，寂靜加上空曠，給人與世隔絕、與普通生活脫軌的感覺。我們可以想像自己在森林裡遇見精靈，或在月圓時分看見月光下有山羊頂著兩顆腦袋。對我們而言，這樣的普羅旺斯和我們以往夏季來度假時的那個普羅旺斯，形成奇異卻讓人興味盎然的對比。而對別人來講，冬天卻意味著煩悶、沮喪，甚且更糟：我們聽說，沃克呂斯的自殺率是法國最高。當我們獲悉有個住在三公里外的男人有天晚上懸樑自盡時，自殺率這件事就不再只是統計數字而已。

地方上有人過世，商店和人家的窗戶上會貼出哀傷的小告示。教堂鐘聲響起，人們穿著不慣穿的正式服裝跟在送葬行列中，緩緩走向墓園。墓園通常位在村子居高臨下的據點，有位老先生說明道理何在。「死人有最好的景觀，」他說，「因為他們得在那兒待很久。」他自顧自咯咯大笑，笑得岔了氣，咳嗽起來，弄得我擔心老先生會不會時候到了，要去加入他們的陣容。我告訴他，美國加州有景觀的墓地，價錢比沒景觀的貴，他一點也不意外。「世上從來就不缺傻瓜，」他說，「是死是活都一樣。」

日子一天天過去，卻無冰融的跡象，不過農夫駕駛的拖拉機已清除了最嚴重的積雪，將路面清出黑色的軌跡，使得汽車可以在雪堆兩側單向行駛。這讓我得以見識到以往未曾得知的法國駕駛人另一面；竟然很有耐性，起碼是一種說什麼也不肯退的頑固韌性，和他們平日開起車來好像在賽車的習性，有天壤之別。我在村外的馬路上看到下面這情形：一輛車小心翼翼地行駛在路中央已清空雪的車道上，眼看著要撞上對向開來的另一輛車。兩輛車鼻子對鼻子停下，誰也不肯倒車退讓，誰也不肯冒著陷入雪堆的危險開到路邊。兩輛車的駕駛人隔著擋風玻璃大眼瞪小眼，巴望著又有一輛車開到身後，形成明顯的數量優勢，使得勢單力薄的對方車輛不得不倒車，讓多數先行。

我呢，於是就輕踩油門，駛向孟尼古奇先生藏有各式暖氣設備的寶宅去了。他在庫房門口接我，羊毛帽拉下來蓋住耳朵，圍巾直纏到下巴上，手套、靴子齊備，那模樣就像要從事科學實驗，以個人絕緣法向寒冷挑戰。我們先寒暄客套一番，他稱讚了我的菸斗，我恭維了他的單簧管，接著他引我入屋，參觀排列得井然有序的各種管子與活栓，還有牆角看不出所以然的笨重機器。孟尼古奇彷彿一本有聲型錄，滔滔不絕地講述暖氣功率和熱能等等我聽不懂的事，我只能唯唯諾諾，點頭如搗蒜。

講道總算告一段落，「好，就這樣啦。」孟尼古奇說，一邊看著我，滿面期待的表情，彷彿眼下中央暖氣的世界就在我指掌間，任我選擇，而我當可做出明智又靈光的抉擇。我不知該說什麼才好，只好問他自己家裡裝了哪種。

「啊，」他開玩笑地故作佩服狀，拍了自己的前額一下說，「這問題問得可聰明了，賣肉的自己會吃什麼肉呢？」他故作玄虛並不作答，帶我走到隔壁他的住家。果真很暖，暖到有點悶熱，孟尼古奇先生演戲似的連脫兩三層衣服，誇張地抹抹他的額頭，把帽子往上拉，露出耳朵。

他走過去拍拍暖氣頂，「摸摸看，」他說，「鑄鐵的，可不是時下用的那種爛貨。還有鍋爐——你一定得看看鍋爐，不過，注意了，」他突然住口，伸出食指戳戳我，「不是法國貨，只有德國人和比利時人才會造鍋爐。」我們走進鍋爐室，牆邊那部上了年紀、附有刻度調節計的機器正哼哼有聲噴著氣，我盡責地讚揚了一番。「就算屋外溫度才零下六度，這玩意讓整間屋子裡頭維持二十一度。」他推開門，適時放一點零下六度的空氣進來。他天生就是當優良講師的材料，善於以實例講解示範，好像他正在跟一個特別遲鈍的孩子講話。（就我的案例而言，說到鉛管啦暖氣啦什麼的，還真該對我如此循循善誘。）

見過鍋爐，我們回屋裡去見夫人，其人個頭嬌小，聲音富磁性。我想不想喝杯花草茶，來點杏仁餅乾，還是一杯馬薩拉甜酒呢？我真正想要的是，看看孟尼古奇先生戴著帽子吹單簧管，可是這事得改天再說。這會兒，我得多用點心想想暖氣的問題。我告辭，一邊走向我的汽車，一邊抬頭看著屋頂上的旋轉式太陽能暖氣設備也結凍了，我冷不防就很渴望擁有一屋都是鑄鐵暖氣的房子。

回到家，我發現有個如史前巨石原樣縮小的東西放置在車庫後面，桌子送來了。一公尺半見方，十二點五公分厚，巨大的底座呈十字形。它放的位置和我們希望的位置相差不超過十五公尺，若要移動它，卻等於有二十多公里之遙。庭園入口不夠寬，機械運輸工具進不來；高牆加上半遮式瓦片屋頂構成的遮蔭區又使得起重機沒法派上用場。皮耶羅告訴過我們，石桌重兩百七十至三百六十公斤。可它看來還更重。

當晚，他打電話來。

「桌子你還喜歡吧？」

是啊，桌子好極了，不過有個問題。

「你擺好了沒有？」

沒有，那正是問題所在。他有沒有什麼好建議？

「多找幾個幫手，」他說，「想想金字塔是怎麼蓋成的。」

當然，我們只需要找一萬五千個埃及奴隸，這事馬上就辦妥啦。

「嗯，你要是沒法可想了，我認得卡爾卡松（Carcassonne）的橄欖球隊。」

他說著哈哈大笑，掛斷電話。

我們又去看看那怪物，設想得要多少人才能把它搬到庭園中，六個？八個？必須側著搬運才能通過門。我們彷彿看見了有人砸爛腳趾，還有不少人用力到脫腸的畫面，當下有了事後之明，這才了解為何在我們選定安置紀念碑的地方，前任屋主只放了一張輕便的摺疊桌。我們採取眼下唯一可行的行動，端了杯葡萄酒坐在壁爐前，尋找靈感。反正沒有人會在一夜之間偷走那張桌子。

結果，沒過多久，外援就來了。早前一陣子，我們決定改建廚房，花了不少時間和我們的建築師商談，長了不少見識，學會從櫃子、加高、假天花板、垃圾管道，到粉刷、鋪石板、上小樑到沒用的角落空間等法文建築用語。我們起先躍躍欲試，後來隨著計畫一再拖延、文件紙張越翻越舊，逐漸失去興致，不知怎的，廚房始終原封未動。計畫延後的原因包括：天氣不好，泥水匠去滑雪，工頭騎著摩托車玩足球時跌斷了手臂，還有本地材料供應商冬眠了。我們的建築師是從巴黎遷居來此，他警告過我們，在普羅旺斯蓋房子好比守戰壕，漫長又無聊，偶爾被爆發的戰事和噪音打斷，我們置身第一階段也太久了，正期待第二階段快來。

攻擊部隊帶著震耳欲聾的哐噹聲，終於抵達。那是一大清早似暗非暗，要明不明的時分，我們睡眼惺忪地跑到屋外去看究竟是什麼東西倒下來了，隱隱約約看得出一輛貨車的形狀，搭建鷹架用的材料向外凸出。駕駛座上傳出快活的吼聲。

「梅爾先生嗎？」

我告訴他沒找錯地方。

「太好了，來修廚房囉。」

車門打開，一隻長耳獵犬跳下車，後面跟著三個男人。工頭走過來，隨之飄來一陣意想不到的刮鬍水香味，他握著我的手一陣亂搓，介紹自己和他的團隊。他叫第迪耶，助手名艾力克，那個壯壯的年輕人是學徒，叫克羅德。名喚佩妮洛普的狗兒呢，立馬在屋前撒了一大泡尿，宣示地盤；開戰了。

我們可從未見過這樣的建築工人，每一件工作都以雙倍速度進行，太陽尚未完全升起，鷹架便已搭起，木板斜坡也已鋪好。過了幾分鐘，廚房的窗子和水槽都不見了。還不到十點，我們就站在鋪就平整的第一層碎石地上，聽第迪耶講解他的摧毀計畫大綱。他這人活潑又強悍，理著小平頭，背桿挺直，像個軍人。我可以想像他在外籍兵團擔任教官的模樣，操練那些懶散的菜鳥，直到他們哭著求饒。他講起話來鏗鏘有聲，愛用如tok、crak、boum等法語用來形容撞擊或破裂的擬聲字，而這兩種情形這會兒可一點也不缺。天花板要拆掉，地板也要拆，一切陳設都要移出去。這是開腸破肚的工作，整間廚房要被清空，咻的一聲從方才還是窗子的洞口拋出去。一面三夾板牆釘起來了，把此區和屋子其他地方隔開。家常煮炊之事移到院子裡的烤肉台解決。

親眼目睹、親耳聽見三位泥水匠快活地大鎚搗毀一切，很令人瞠目結舌。他們在掉落的石塊和搖搖欲墜的屋樑之間敲敲打打、吹口哨、唱歌、講粗口，只在中午停下來用餐（而且依我看來，還一副不大情願的樣子）。他們拿出與拆除隔間牆同樣的勁道解決午餐，可不是簡便的三明治而已，而是一大籃一大籃的雞肉、香腸、冷肉、沙拉和麵包，用合宜的碗盤和餐具進食。他們都不喝酒，這讓我們放下心裡的大石頭。要不然，近二十公斤重的鐵鎚掌握在醺然的泥水匠手中，我光想都覺得害怕。他們清醒的時候就已經夠危險了。

午餐後重新開戰，一路無休直到將近七點。我問第迪耶是否常常一天工作十、十一個小時。他說，只有冬天才如此。夏天呢，一週六天，十二到十三個小時。他聽我說起英國工人開工晚，收工早，中間還停下來喝茶休息好幾次，覺得這可真有趣。「好短的一天。」他如是形容，還問我有沒有英國泥水匠想和他一起工作，體驗看看。依我看，肯定沒有多少人躍躍欲試。

泥水匠收工，打道回府，我們穿起厚衣，好像要在北極野餐似的，準備燒煮在臨時廚房的第一頓晚餐。這裡有烤肉爐和冰箱，吧台後有水槽和兩口瓦斯爐嘴。除了沒有牆以外，基本配備都齊全，要不是氣溫仍在零度以下，這兒也夠舒服了。葡萄藤枝燒得正旺，烤羊肉和迷迭香正飄香，紅酒取代了中央暖氣，讓我們的身體暖呼呼，感到自己既強壯耐寒，又冒險進取。這分錯覺持續到餐畢該去外頭洗碗盤時，才陡地消失。

春神將至，頭一個來報訊的，既不是早開的花兒，也不是在馬索家屋頂底下亂竄的老鼠，而是來自英國。倫敦人過完陰鬱的一月，開始擬定度假計畫；可萬萬想不到的是，竟有那麼多人把普羅旺斯列入計畫中。電話鈴聲越來越常在我們坐下來用晚餐時響起，打電話來的人傲然無視於法國和英國之間的時差，電話那一頭傳來某個半熟不熟的人那有點記不大起來的聲音，愉快地問道，我們有沒有開始游泳了。我們總是含糊其詞，老覺得真要告訴對方我們正坐在永凍地帶，密斯脫拉風從廚房牆上洞口呼嘯而入，似乎就要吹掀我們賴以禦寒的三夾板，從而破壞他們的幻想，未免太不厚道。

電話內容會循著一定模式進行，不久以後就變得可以預測。首先，對方會問我們要嘛在復活節或五月，要不就是他們規劃好的理想日子，在不在家。這一點確定了以後，接下來便是我們後來一聽到就害怕的句子——「我們正考慮那段時間要來玩……」，句子也不講完，滿懷期望地停在那兒，等待一個怯弱客套的回答。

我們住在英國多年，這些人從未想過來拜訪我們，這會兒卻突然如此熱絡，我們很難覺得受寵若驚，也不大知道該如何應付。既想追尋陽光，又想享受免費食宿，普天之下沒有哪個人比這種傢伙臉皮還厚，常見的社交遁詞可不管用。那週已有客人？別擔心，我們晚一週來。屋子裡都是建築工人在施工？沒關係，反正我們都待在泳池邊。泳池裡養滿了兇狠的梭魚，車道上佈下了坦克車陷阱？你現在吃全素？你懷疑狗兒得了狂犬病？不論我們怎麼說，對方總不肯當真，全心全意要克服我們設下的那些不堪一擊的障礙。

我們對較早遷來普羅旺斯的朋友提起恐將遭受侵擾之事，他們統統是過來人。他們說，剛搬來的第一個夏天難免就像活在地獄中，那之後你就學會拒絕。否則，你會發現自己從復活節起至九月底，好像在經營一家毫無利潤的小旅館。

勸得有理，但也令人洩氣。我們神經緊張地等待電話鈴又再響起。

生活起了變化，是泥水匠促成了改變。如果在早上六點半起床，我們就能安靜地吃早餐。只要晚了一點，廚房裡傳來的音效便讓我們無法交談。有天早上正當鑽子和鐵鎚使出全部肺活量大合唱時，我看得見妻子的嘴唇在動，卻連一個字也聽不見。最後，她傳了字條給我：「快喝咖啡，不然塵土都掉進去了。」

然而工程確有進展。工匠把廚房剝成空殼後，開始以同樣吵雜的聲響重建廚房，利用木板斜坡和如窗戶大小、離地三公尺的洞口，搬運進各種材料。他們力大無窮，第迪耶一半像人，一半像堆高機，不知怎的竟可以把裝滿濕水泥的獨輪手推車推上那晃動不穩的木板斜坡，嘴角一側啣著菸，另一側還可以吹口哨。我永遠也不會明白，這三位在逼仄的空間、嚴寒的天氣中工作，怎麼還有辦法保持這樣好的心情。

廚房的結構漸漸有了樣子，後續部隊前來視察，各展身手，分工合作。有水泥工拉蒙，他帶來的收音機和籃球鞋都蓋著一層水泥，有油漆工馬斯托利諾、瓷磚工楚菲利、木工贊戚，還有工頭他本人，孟尼古奇先生在前，「小伙子」隔著兩步跟在後頭。他們常常六七個人在磚石瓦礫間同時發言，爭論著哪一天誰有工期的問題，建築師克里斯欽則擔任仲裁人。

一個念頭浮現：如果可以挪用這股精力一小時左右，我們就有足夠的人手和力氣來把石桌搬進庭園了。我提出這個想法，立刻得到大夥的合作。他們說，幹嘛不現在就搬？對呀，為什麼不？我們爬出廚房窗口，圍住結了一層白霜的石桌，十二隻手抓緊石板，十二隻臂膀用力往上抬。石板動也不動。大夥咂舌不解，繞著石桌打量，最後孟尼古奇手指一比，指出問題所在。他說，這石頭會吸水。它像海綿一樣吸滿了水，水凍成了冰，石頭結凍，地面結凍，結果就是這樣！搬動不了，非得等它解凍了不可。有人前言不對後語提到要有吹焰管、鐵橇，孟尼古奇制止了這談話，斥之為「黑白講」，我想那是「胡說八道」的意思，隊伍解散。

家裡一週有六天塵土滿天，吵雜不堪，星期天便像沙漠綠洲一般格外令人心曠神怡。我們可以奢侈地在床上待到七點半，等狗兒吵著要出去散步為止；我們可以在屋內交談，不必走到外頭去說；我們還可以安慰自己，距混亂和騷擾終結又近了一週。我們有一件事不能做，由於廚房設備有限，我們不能像法國人那樣，每逢星期天便花很長時間悉心品賞午餐。於是我們用臨時廚房為藉口，興高采烈地養成星期天外出用餐的習慣。

我們會先讀讀一些玄妙的好書來開開胃，而且越來越仰賴戈米氏指南。米其林指南也是無價之寶，在法國旅遊不能不帶此書，不過它只提供各家餐館價位、等級和特色菜餚等基本資訊骨幹，戈米氏指南則還會給你血肉，它會告訴你主廚的種種，好比年紀多大，在哪兒學藝，是否已揚名立萬，是否僅仰仗著昔日的光輝，還是與時俱進。它會跟你講到主廚的妻子，是親切可人還是冷若冰霜；會讓你知道餐廳大致是什麼風格，有沒有景觀或漂亮的露天座位。書中會評論服務水準、客層、價位和氣氛，經常詳細討論菜色和酒單。書中內容不見得絕對正確無誤，肯定也難逃偏見，但是這書讓人興味盎然，而且總是很有意思，加上，因為是用口語化的法文寫的，對我們這兩個初學者，是很好的家庭作業。

一九八七年版的戈米氏指南厚厚一本，介紹了五千五百家餐廳和旅館，內容豐富，我們在書中挖寶，發現有家本地館子看來不可不去。那家餐館在蘭貝斯克（Lambesc），車程約半小時。主廚是位女士，書中說她是「普羅旺斯最著名的女大廚」，餐館是磨坊改裝而成的，她烹調的菜色「富有力量和陽光」。單是這些推薦詞便已足矣，最讓我們嚮往不已的是大廚的年紀：她高齡八十了。

我們抵達蘭貝斯克時，天色灰暗又多風。天氣晴朗時如果待在室內，我們仍會有罪惡感，但是那個星期天陰沉又淒涼，路上殘留著舊雪，村民把麵包抱在胸前，瑟縮著肩膀力抗寒風，從麵包店急奔回家。這正是好好享用午餐的理想天氣。

我們到得早，圓拱形屋頂的用餐室裡沒有人，家具是好看的普羅旺斯骨董，沉甸、色暗，光可鑑人。餐桌很大，桌距疏朗得宜，幾乎給人遙遙相對的感覺，通常只有氣派且堂皇的餐廳才會有如此奢侈的空間。廚房傳出人聲和鍋碗瓢盆哐噹作響的聲音，飄來一陣香味，教人垂涎三尺，不過餐廳顯然還要幾分鐘才會營業，我們踮起腳尖，想找家咖啡館喝點東西。

「是誰啊？」有個聲音在問。

廚房裡走出一位老先生，盯著我們瞧，門口射進來的陽光讓他瞇起了眼睛。我們告訴他訂了午餐座位。

「這樣啊，那請坐，總不能站著吃東西吧。」他輕快地朝著空盪盪的桌子揮了揮手，我們遵命坐下，等著他慢吞吞取來兩份菜單。他也坐下。

「美國人？德國人？」

英國人。

「很好，」他說，「戰時我支持英國人。」

我們覺得自己已通過第一項考驗，只要再答對一題，說不定就獲准閱讀老先生抓在手裡不放的菜單。我問他有沒有好菜可以推薦。

「每樣都好，」他說，「我太太樣樣菜都做得好。」

他交出菜單，走開來去招呼另一對客人，我們看著小羊肉鑲香草、紅酒燜肉、松露小牛肉和一道未多做說明的「主廚奇想」，滿懷欣喜，卻拿不定主意要點什麼才好。老先生回到桌前，坐下，聽我們點菜，一邊點頭。

「總是這樣，」他說，「男士都喜歡奇想。」

我點了半瓶白葡萄酒佐第一道菜，接著再來點紅酒。

「不行，」他說，「這樣不對。」他跟我們講該喝什麼，維桑（Visan）產的隆河丘紅酒。他說，好酒和好女人都產在維桑。他起身，從深色的大櫥櫃取來一瓶酒。

「就是這瓶，你們一定會愛喝。」（後來，我們留意到每張桌子上都擺了這酒。）

這位全世界最高齡的侍者領班走進廚房，把我們的點菜單交給八成是法國最高齡的現役大廚。我們好像聽到廚房中有第三人的聲音，但是餐廳並無其他服務員，我們真想不通兩位年紀加起來超過一百六十歲的老人家，如何能應付長時間辛苦幹活。然而，餐廳生意越來越忙，上菜卻並未延誤，沒有一桌受到冷落。老先生不慌不忙，一派莊重地周旋於各桌之間，不時坐下與客人聊上幾句。一道菜做好了，老闆娘會敲響廚房的鐘，她的丈夫會抬起眉毛，佯裝惱怒。如果他繼續聊個不停，鐘聲會再響，這一回多了堅持的意味，老先生會起身，咕噥著：「來了，來了。」

菜餚就像戈米氏指南說的那樣美味，老先生的酒推薦得也好，我們果然愛喝。他還沒端來香草橄欖油浸泡的小圓形山羊乳酪，我們就已經把酒喝完了。我請他再給我半瓶，他不以為然地看著我。

「誰開車？」

「我太太。」

他又走到深色櫥櫃前。「沒有半瓶酒，」他說，「你可以喝到這裡。」他伸出手指在新拿出的瓶子半身處比了一下。

廚房鐘不再響起，老闆娘出來了，被爐火薰紅的臉蛋笑呵呵的，問我們吃得可好。她看上去只有六十歲。夫婦倆站在一起，他的手搭著她的肩，她講起骨董家具原是她的嫁妝，他則不時打岔。他們幸福愉快，樂在工作，我們告辭離開，心裡感到，人到垂暮之年也不是壞事。

水泥工拉蒙仰躺在搖搖欲墜的平台上，身體跟廚房天花板只有一隻胳臂的距離。我遞了啤酒給他，他側著用手支撐身體喝酒。這姿勢不管是喝東西還是幹活，看來都不怎麼舒服，但是他說早就習慣了。

「況且，」他說，「總不能站在地上，朝上扔水泥吧。給西斯汀教堂畫天花板的那位——你知道，就那個義大利人——他肯定仰躺了好幾個星期。」

拉蒙喝完他今天第五瓶啤酒，遞下空瓶，輕輕打了個嗝，繼續幹活。他動作徐緩而有韻律，用泥刀一下一下地把水泥抹在天花板上，手肘再來回滾動，把水泥壓得厚實而平滑。他說，完工以後，天花板會看起來有一百年歷史了。他除了泥刀和自己的眼睛外，不相信可用什麼滾筒、噴器或其他什麼工具來定線條曲直，他說他的眼力錯不了。有天晚上他收工回家後，我用水準儀量了他敷好的平面，果真平整，並且肯定是出自人手，而非機械所為。這位老兄是藝術家，沒枉費我請他喝了那麼多啤酒。

微風穿過廚房牆上的洞口而來，感覺上竟有點輕柔。我聽得見滴滴答答的聲音，走出屋外，發現季節已變換，石桌正在滲水，春天來了。

是的，春天來了。

普羅旺斯人帶著蓬勃的朝氣迎接春天，

新鮮花草、新嫩蔬菜、新插的葡萄枝，

每一天都充滿了嶄新的元氣。

在普羅旺斯的春日，在這個最鮮綠的季節，

盡情享受人生吧！

vista panorámica
del pueblo
de Provenza. sur de
Francia. 2012. 8. 16

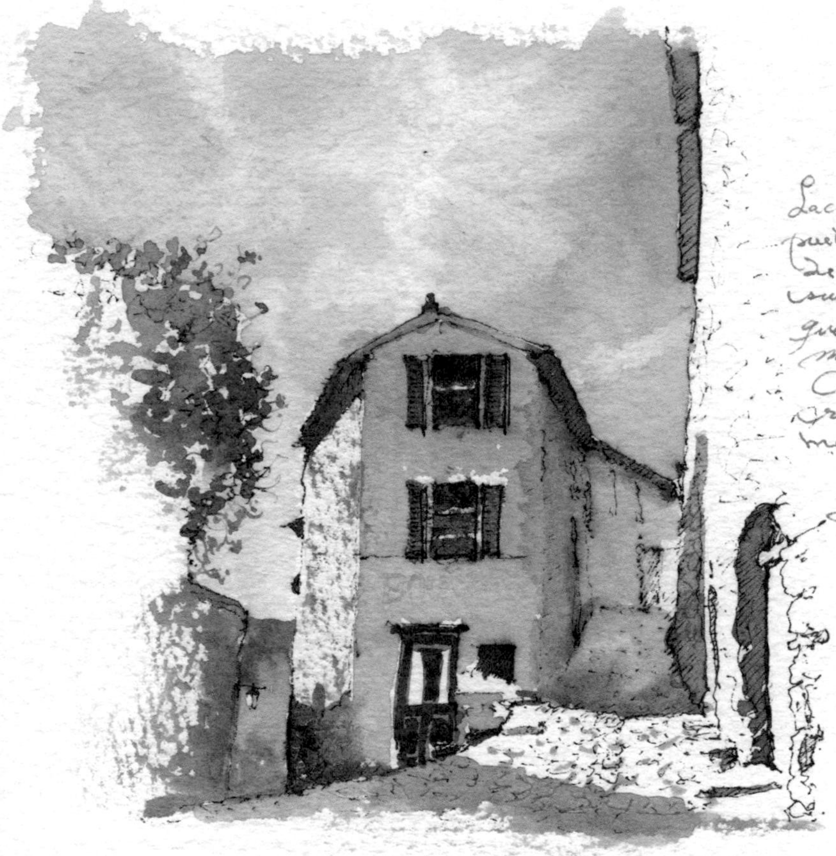

Lacost.
pueblo famoso
de Provence.
sur de Francia.
que me recuerda
mucho de
Catalunya.
región
mediterránea.

8.6.

三月
Mars

杏花怒放。白晝變長，長日將盡時，西天一片紅霞，壯麗如翻滾的波浪。狩獵的季節結束了，獵犬和獵槍須再等六個月才有用武之地，葡萄園又忙起來，行事有條不紊的農夫開始整地，他們稍懶散一些的鄰居匆匆忙忙地動手剪枝，這活兒早在十一月就該做了。普羅旺斯人一反平日作風，帶著蓬勃的朝氣迎接春天，彷彿大自然給每個人都注入了元氣。

市集驟然換了面貌，攤位上原本擺的釣魚用具、子彈帶、防水靴和業餘清煙囪達人用的長刷與鋼刷等消失了，取而代之的是各種看來兇猛的農具，好比砍刀、挖地工具、長柄大鐮刀、帶著利耙子的鋤頭和噴灑器，要是有雜草或蟲子膽敢危害葡萄，這玩意保證能灑下死神之雨。舉目皆是新鮮花草和當令的新嫩蔬菜，咖啡館的桌椅都擺上人行道了。空中洋溢著活躍而果斷的意味，有那一兩位樂觀的人已經從鞋店外頭五彩繽紛的鞋架上，買下帆布涼鞋了。

和這熱鬧氣氛相反的是，廚房改建工程停滯不前，建築工人受到春天原始氣息的召喚，如候鳥般遷徙他去，留給我們幾袋水泥和一堆堆的沙子為證物，證明他們的確有意歸來——總有一天——完成僅差一步就大功告成的差事。全世界都有工人消失不見的現象，不過在普羅旺斯，這狀況有其本土特色和教人喪氣的地方，而且明顯有其季節因素。

每年復活節、八月和聖誕節一共三次，度假別墅的屋主會從巴黎、蘇黎世、杜塞道夫和倫敦逃來，過幾天或幾週簡單的鄉間生活。他們要來以前，為了確保度假愉快，難免會想到一些重要的事情，比方說，浴室得加裝名牌的淨身盆，泳池邊得架設探照燈，露台得重鋪瓷磚，傭人宿舍屋頂須換新。這些要務要是沒辦好，怎能享受下鄉暫居之樂？他們驚慌之餘，打電話給本地建築工人和泥水匠，在我們抵達前就要完工，非做好不可。緊急指示中未言明，但雙方都有默契，馬上動工，必有重酬，錢不是問題，速度最重要。

這誘惑太大了，很難不去理會。大夥都記得密特朗剛上任時，有錢人財務癱瘓，扣著現金不花。當時普羅旺斯建築業生意清淡，天知道什麼時候會不會又有壞景氣？所以，工人承攬下工作，較不囉嗦的客戶突然就發覺，自己眼前有停工的水泥攪拌機，還有遭到遺棄的未完工房間。遇見這種情況，有兩種反應，兩種都不會產生立即的成果，不過一種會減輕挫折感，另一種只會雪上加霜。

我們兩種都試過。開頭我們努力改變觀念，讓自己對時間採取較豁達隨興的觀感，按照普羅旺斯的作風面對工程拖延的事。也就是說，不再像都市人那樣東想西想，就享受陽光吧。這個月，下個月，有什麼不同？喝杯茴香酒，放鬆一下算了。這辦法管用了一、兩週，然後我們注意到屋後的建築材料變綠，長出雜草了。我們決定改變策略，要求我們那一小團隊躲得遠遠的工人給出確切的日期。這次經驗帶給我們不少教訓。

我們學到，時間在普羅旺斯是非常有彈性的一種商品，就算把時間描述得既清楚又明確亦然。「不到一刻鐘」意指今天某時刻，「明天」指本週某一天，而最有彈性的時間詞莫過於「再十五天」了，可能指三週、兩個月或明年，可絕對不會是十五天。我們也學會在討論期限時如何解讀手語，當普羅旺斯人直視你的眼睛，告訴你他星期二一定來敲你的門，開始工作時，他的手勢就變得最重要了。如果兩手沒有在動，或拍著你的胳臂叫你放心，他星期二應該會來。要是有一手伸出與腰齊高，手心向下，開始左右搖擺，那麼請把時間調整到星期三或星期四。倘若搖擺得厲害，變得晃動時，他指的其實是下星期或天知道何時，端視他無法控制的因素而定。這些沒說出來的表示，似乎出自本能，因此更能透露實情。偶爾，手語還會加上「一般情況下」這句妙詞，這個遁詞太好用了，值得為它投保。「一般情況下」——只要天沒下雨，卡車沒拋錨，工具箱沒被大舅子借走——普羅旺斯的建築工人把這五個字當成合同上的小號印刷字，而我們逐漸對這五字產生無限的疑慮。

不過，儘管他們親切友善卻不守時，又萬萬也不肯打個電話說明來或不來，我們都無法對他們生氣太久。他們老是那麼快活，令你怒氣全消，真來上工時幹活又那麼賣力，工時又長，何況，他們的活兒又做得那麼好。到頭來，他們是值得等待的，所以我們逐漸變得豁達了，適應了普羅旺斯的時間觀念。我們告訴自己，從今而後，我們就不指望事情能在我們期望的時限之前完成，只要事情還有在辦，便已足夠。

老傅近來舉止古怪，這兩三天來，他駕著拖拉機，鏗鏘作響地在成排的葡萄藤間來往，後面拖著一部活像鐵腸的奇怪玩意，那機器向兩邊噴灑肥料。他不時停機下車，走到一塊空地，那裡過去種瓜，目前雜草叢生。他從這一頭打量這塊地，爬回拖拉機，又噴灑肥料，然後回到另一頭去打量。他邁著方步，低頭沉思，搔搔頭皮。他回家吃午餐時，我走過去看到底是什麼吸引了他，可是在我看來，那不過就是一片休耕的瓜田，有雜草，有去年用來保護作物的塑膠布碎片，除了這些，半畝地上什麼也沒有。老傅該不會以為地底下有寶藏吧？我們的確在屋子附近挖到兩枚拿破崙金幣，老傅跟我們說，說不準還有更多。但是農夫可不會把金子埋在耕地中央，埋在石板底下或沉入井中，還比較安全。這事很怪。

當晚，他和昂莉葉一同來我們家，打扮得異常光鮮正式，白皮鞋、橘襯衫，還帶了昂莉葉自製的幾罐兔肉醬。第一杯茴香酒喝到一半，他傾身向前，一副神秘兮兮的樣子。我們知不知道我們葡萄園產的呂貝宏丘酒將取得「原產地法定管制」地位？他靠回去，緩緩點頭，一邊讓我們慢慢思索這消息，一邊說了好幾聲「是呀」。老傅說，酒價顯然會上揚，葡萄園主會賺更多錢。還有，葡萄種得越多，錢顯然就會賺得越多。

對此我們並無異議，老傅於是喝起第二杯酒，提出他的建議——他喝起酒來，既有效率又不致張揚，酒杯總是比我預想的更早見底。在他看來，我們的瓜田應該更有效利用，帶來更高利潤。他又啜了一口茴香酒，昂莉葉則從皮包中拿出一份文件，是種植許可，准許我們種葡萄，這可是政府特許的。我們察看文件，老傅在一旁大肆批評繼續種瓜實屬不當，揮舞著酒杯痛陳種瓜太費時又太費水，夏天還屢遭山豬從山上跑下來偷吃。單是去年，老傅的兄弟傑基就損失了三分之一的甜瓜，都被山豬吃掉了！利潤都被吃進山豬肚子了！老傅想到這件痛苦的事，大搖其頭，不再喝一大杯茴香酒難消胸中塊壘。他說，他湊巧已經算過，不種那教人心煩的甜瓜，我們那塊地可容納一千三百株葡萄樹。我和妻子互看了一眼，我們倆都喜歡葡萄酒，也同樣喜歡老傅，而他顯然打定主意要大展鴻圖。我們同意多種葡萄好像挺不錯的，但是在他告辭後並未多想此事。老傅是人類當中的反芻動物，行動從不冒進，而且無論如何，普羅旺斯事事皆慢慢來，說不定明年春天他就會著手進行。

第二天早上七點，一架拖拉機已經在瓜田裡挖地了，過了兩天，插枝大隊抵達，五男兩女外加四條狗，領軍的工頭柏契耶先生在呂貝宏地區種葡萄已有四十年經驗。他親自在拖拉機後推動小犁，確保犁線筆直，間距正確。他穿著帆布靴爬上爬下，如牛皮般強韌黝黑的臉龐，神情專注。犁線的兩端各立有一根竹竿，綁著麻繩，藉以標示距離。田地這會兒已被分割成長條形狀，可以轉變成葡萄園了。

小貨車運來新葡萄枝，它們只有我拇指長度，頂端塗了紅蠟。柏契耶先生檢查插枝設備，我本來以為是用機器插枝，卻只見到幾枝中空的鋼管和一個木頭做的大三角。插枝大隊圍成一圈，任務分派下去，他們隨即推推搡搡地編成不很整齊的隊形。

柏契耶帶著木頭大三角在前，把它當成三角形的方向盤，在地上滾動標出等距的三個點。他身後兩人便用鋼管在三點部位打洞，後衛跟著把葡萄枝插進洞中，填土。兩位女士是老傅的妻女，她們負責分發葡萄枝，提供建議，順便對男士頂上戴的各式帽子品評一番，尤其是老傅那頂有點時髦的新遊艇帽。狗兒在旁礙手礙腳，不時須閃躲人們踢來的一腳，又和麻繩糾纏不清，玩得可開心了。

時間分分秒秒過去，插枝隊員彼此之間的距離漸漸拉開，柏契耶先生往往領先兩百公尺，其他散兵游勇遠遠落後，不過距離構不成談天說地的障礙，聊天似是儀式的一部分，相隔最遠的兩個人一聊就特別久，兩人之間的隊員則一邊罵狗，一邊爭論線到底拉得直不直。隊伍就這樣吵吵鬧鬧地在田裡前進，直到下午三點左右，昂莉葉提來兩只大籃子，大夥停工，享用普羅旺斯式下午點心。

隊員坐在葡萄園上方的草堤上，看來很像攝影大師卡提耶—布烈松（Cartier-Bresson）的畫面。大夥開始向兩只籃子裡裝的東西進攻，裡面有四公升的葡萄酒和一大堆撒了糖霜的油煎麵包片，煎得金黃香脆，十分可口。安德烈老爹來視察工作狀況，我們看到他挑剔地用手杖敲打地面，然後點點頭。他走過來喝杯酒，坐下來曬太陽。這親切的老人一派閒散，用滿是泥痕的手杖搔搔狗兒的肚皮，問昂莉葉今晚吃什麼，他想早點開飯，好觀賞他最喜歡的電視連續劇「聖塔芭芭拉」。

酒喝光了，男士伸伸懶腰，把嘴裡的麵包渣子剔乾淨，回去幹活。將近天黑時，大夥完工，原本崎嶇不平的瓜田這會兒平整無瑕，在夕陽餘暉中，新插的葡萄枝看來如星星點點。大夥在我家後院集合，伸展伸展筋骨，喝起茴香酒。我把老傅拉到一旁，問他工錢怎麼算。我們用了拖拉機三天，加上好幾十鐘點的人工，我們該付他們多少錢？老傅急著解釋，連忙放下他的酒杯。他說，葡萄枝的錢我們出，但是其他的用不著付錢，就按這山谷裡的合作制度來辦：有人需要重新栽種葡萄時，大夥就利用空閒時間出一分力。他說，到頭來誰也不吃虧，這還省了有關稅務的那些書面作業和繁瑣的手續。他笑著用手指摸摸鼻翼，然後以「這是小事一樁，犯不著提」的語氣問道，既然拖拉機和人手都還可以供我們利用，我們要不要種上兩百五十株蘆筍。蘆筍第二天就種上了，我們那普羅旺斯一切慢慢來的理論講了那麼多，這下算白講了。

呂貝宏的春天有不同的聲音，獵人走了，蟄伏一冬的鳥兒從藏身處出來，牠們的歌聲取代了槍響。我沿著小徑走向馬索家時，耳邊唯一刺耳的聲音，是猛烈的搥打聲，我納悶著，會不會是馬索決定豎起「吉屋出售」牌子，迎接觀光季節展開呢？

我在他家外頭的小徑上找到他，他正在端詳自己在林間空地邊緣打下的一根一公尺半高木樁。木樁頂端釘了一塊生鏽的白鐵片，上面用白色油漆寫了怒氣沖沖的幾個大字：「私人產業！」小徑上躺著另外三根木樁和告示牌，還有一堆圓石。馬索顯然打算封鎖這塊空地，他咕噥著說了一聲早安，又拿起一根木樁，敲進地上，彷彿和那木樁有什麼深仇大恨。

我問他在做什麼。

「趕走德國人。」他說，開始滾動圓石，在木樁間佈下粗糙的封鎖線。

他在封鎖的這塊地和他家還有段距離，還隔了條小徑，在另一側林間，不可能是他的土地，我於是說，我以為這裡屬於國家公園。

「沒錯，」他說，「但我是法國人，所以這裡比較屬於我，不屬於德國人。」他又搬了一塊圓石，「每年夏天他們都跑來，搭起帳篷，把森林弄得到處髒兮兮。」

他挺直身子，點了一根菸，順手把空菸盒扔進樹叢裡。我問他有沒有想過，說不定會有德國人買他的房子。

「帶帳篷的德國人除了麵包以外，其他什麼也不買。」他哼了一聲，不屑地說，「你真該看看他們的車子——塞滿了德國香腸、德國啤酒、酸捲心菜罐頭，他們什麼都帶來了，懂了吧？真是窮酸鬼。」

馬索扮起鄉村衛士和觀光業經濟權威的新角色，繼續說明普羅旺斯農民的難處。他承認遊客——甚至包括德國遊客——給本地帶來收入，有些人在這裡買房屋，為本地建築工人提供工作機會。可是看他們害本地房地產價錢上漲到什麼地步！根本就是醜聞，農民買不起房子。我們很識相地都避免提起馬索自己也想做一筆房地產投機生意的事，他為一切都太不公平而嘆息。然後，他又開心起來，跟我講一個買房子的故事，他對故事的結局完全滿意。

有一位農夫覬覦鄰居的房屋好多年了，他想要的不是那破爛得差不多就像廢墟的房子，而是連著房子的一塊地。他出價要買，鄰居卻仗著房價暴漲的優勢，賣給出價較高的巴黎人。

冬季期間，巴黎人花了成百上千萬法郎整修房屋，還挖了游泳池。總算大功告成時，巴黎人和他時髦的朋友南下，來度五月一日勞動節的長週末假期。他們都喜歡這房子，也欣賞隔壁住的那位古怪卻有趣的老農夫，他晚上八點就上床睡覺的習慣尤其令他們感到有意思。

清晨四點，農夫家大嗓門的大公雞查理曼開始啼叫，一口氣就啼了兩小時，巴黎人都被吵醒，向農夫抱怨，他聳聳肩，這裡是鄉下，公雞一定會啼，這事沒什麼大不了。

下一天，再下一天，查理曼一樣四點即起啼叫，有人神經越來越受不了，客人提早回巴黎補眠。巴黎人又向農夫抱怨，農夫再次聳聳肩，兩人不歡而散。

八月時，巴黎人又帶了一屋子的客人回來。查理曼每天清晨四點準時叫他們起床，下午想睡午覺，又被農夫打擾，他在他屋裡幹活，一會兒是鑽子，一會兒是水泥攪拌器。巴黎人堅持要農夫制止雞鳴，農夫拒絕。經過好幾次激烈爭執，巴黎人把農夫告上法庭，請求法院下強制令，讓查理曼閉嘴。判決下來，農夫勝訴，公雞繼續每天清早大唱小夜曲。

造訪這屋子終究成了巴黎人不堪忍受的事，房屋求售，農夫透過朋友買下大部分土地。

成交後的星期天，農夫和朋友以豐盛的午餐慶祝，主菜就是查理曼，被做成美味的紅酒燉雞了。

馬索覺得這故事很精采，巴黎人輸了，農夫贏了，得到更多土地，還有一頓午餐——這故事內容真豐富。我問他這是否真人真事，他避開我的目光，吸吮自己長得參差不齊的八字鬍。「別想跟農夫作對。」他只說了這一句，我想，我要是德國露營客，今年夏天我會改去西班牙。

❦

天氣暖和，每一天都看到枝頭冒出新綠，欣欣向榮，最青翠的一方園地是游泳池，在陽光照耀下綠得像翡翠。該請泳池保養專家貝納帶著他的除藻設備來了，要不然，那些水藻就會爬出池水深處，蔓生至前門外。

在普羅旺斯，這樣一份差事絕不是單憑一通電話和口頭說明一下就能談妥的。專人須先到府視察一番，繞著待解決的問題所在走個一圈，胸有成竹地點點頭，喝上一兩杯酒，訂好下一次會面時間。這是一種暖身操，除非真正緊急，否則不可省略。

貝納來看泳池的那天傍晚，我正在刷洗已長到水線以上的厚厚綠藻，他觀看了好一會兒才彎腰蹲下來，伸出手指在我鼻下搖晃，我不知怎的，就是知道他要說的第一個字是什麼。

「不行，」他說，「不可以刷，要治療，我會帶一樣產品來。」我們丟開綠藻，進屋去喝一杯。貝納解釋說他何以遲到現在才來，他牙痛，卻在地方上找不到牙醫肯治療，因為他有個怪毛病：他會咬牙醫，他也管不住自己，那是種反射動作。他只要一發覺嘴裡有根手指在探索——咔嚓！——就咬下去。截至目前，他已經咬了奔牛村僅有的一位牙醫和卡瓦雍的四位，不得不上亞維儂就醫，那裡的牙醫圈子不知道他這號人物。幸好，他找到一位牙醫用麻醉藥來對付他，展開修復工作前就把他迷昏。牙醫事後告訴貝納，他一嘴十八世紀的牙齒。

不管是不是十八世紀，貝納談笑之時，黑色山羊鬍襯得他一口牙潔白又健康。他是個很有魅力的男人，雖然在普羅旺斯土生土長，卻不是鄉下土包子。他捨茴香酒不飲，而喝蘇格蘭威士忌，越陳年越好。他娶巴黎女孩為妻，我們猜想他的行頭是由她打理的。他不穿帆布靴、藍色舊褲子和褪色磨損的襯衫，我們習於見到貝納腳下是軟皮鞋，臉上架著名牌太陽眼鏡，從頭到腳都打扮得光鮮整潔。我們納悶，為了讓人可以下水游泳，在他替泳池做氯化處理和刮除藤壺時，不知會做何種打扮。

春季大掃除的日子來臨了，貝納跳上我們的台階，他戴著太陽眼鏡，穿著灰色法蘭絨長褲和休閒開襟上衣，手裡轉著一把雨傘以防氣象預測成真，我們這裡今天果然下雨。他得以時時保持優雅的秘密，跟在他身後出現。有個樣子邋遢的小個子提著沉重的消毒水、刷子和抽水機，步履艱難地走在後頭。這位是佳世通，真正要在貝納監督以下幹活的，其實是這位男士。

當天上午稍後，我出去看看他們做得如何了，天空下著毛毛雨，佳世通渾身濕透，正和那扭曲如蛇的吸水管纏鬥，貝納呢，把上衣隨意地披在肩頭，安穩地躲在雨傘下發號施令。我心想，這個人真是指揮若定。如果有誰可以幫我們把石桌搬到庭園裡，那肯定就是貝納了。我請他暫離泳池邊的崗位，隨我去研究一下情勢。

石桌立在雜草叢間，顯得更大更重也更屹立不搖，不過貝納可不是容易喪志之流。「情況並不糟糕，」他說，「我知道有個人半小時就能辦完這事。」我想像有個汗流浹背的巨人易如反掌地舉起沉重的石板，在拉鋸戰中打敗馬匹組成的隊伍，結果情況比那平凡乏味的多。貝納要找的人不過就剛添購了一種名叫「巴布」的機器，是一輛小型堆高機，小得通得過庭園入口。就這麼回事！聽來這事不難。

跟巴布的主人通過電話後，不到半小時他就來了，迫不及待想讓他的新機器派上用場。他量了量門的寬度，估了估石桌的重量。沒問題，巴布做得到，只需要在這裡那裡做點微調，請泥水匠調整一下就可以了。問題就只是門的過樑需要移開一會兒——五分鐘就好——這樣高度才能容許巴布通過。我看著過樑，那也是石頭做的，一百二十公分寬，二十二公分厚，深深嵌入靠屋子這頭。就連我這個外行人也看得出來，這可是大工程。石桌屹立原地。

這討厭的玩意如今教人看了就喪氣，這會兒天氣就快熱起來，馬上就是適合露天用餐的時節——那可是我們在英國時整個冬天夢寐以求的季節——我們卻連可以放一小盅橄欖的地方都沒有，更別說五道菜的午餐了。我們鄭重考慮打電話給採石場的皮耶羅，請他介紹卡爾卡松的橄欖球隊。這時，隨著刺耳的煞車聲和一條渾身塵土的長身獵犬，老天爺來幫忙了。

第迪耶近來在聖瑞米（Saint-Rémy）另一側修一幢房子，有位制服警察找上他。這位警察想知道，有沒有人有興趣買一堆滿是歲月滄桑痕跡、長著青苔的石頭？這些石頭可以讓新牆頓時古色古香。第迪耶長長的待辦工作單上有一條，正巧就是要在我家前面砌一道牆，他於是想到我們。這位執法人員想要我們付現不報帳，可是這種石頭難尋，我們意下如何？

只要能讓第迪耶和他的手下回來，就算叫我們買半噸鳥糞，我們也樂意之至。他們還沒消失無蹤前，我們就常想著要請他們搬桌子，這會兒看來像天助我也。好的，我們要買石頭，他能不能幫忙搬一下桌子？他看著桌子，露齒而笑，「七個人，」他說，「我星期六送石頭來時，帶兩個人過來，其他的人請你去找。」就這麼說定，我們很快就會有桌子了。妻子開始計畫今年第一頓露天午餐。

我們誘騙了三位多少算強壯的年輕人來，答應招待美酒佳餚。第迪耶帶著助手來，我們七人便圍桌各就各位，按一般習慣，往手心吐一口唾液，商討如何最有效地完成這趟十五公尺的旅程。碰到這種情況，每位法國人都是專家，各種理論紛紛出籠：應該放在圓木上，滾動圓木；不對，應該放在木板上，拉著木板；胡說，大部分路程可以用貨車推著它走。第迪耶讓眾人各抒所見，然後一聲令下，指示我們兩人一邊，他自己獨撐一邊，合力抬起桌面。

耳邊但聞心不甘情不願的嘎吱一聲，石板離開地面，我們蹣跚移動了五公尺，人人青筋畢露，第迪耶嘴裡不停在指揮方向。又五公尺，這時我們得停下，側轉石桌，好讓它通過門口。重得要命，我們汗涔涔，肢體痠痛，我們當中至少有一位心想，自己恐怕有點年紀大了，幹不了這活兒了。不過，眼下桌面已經側放，準備好一寸寸向庭園挺進。

「現在，」第迪耶說，「有意思的部分來了。」石板兩側空間各只容得下兩人，這四人得承擔石板的重量，其他人只能幫忙或推或拉。兩條粗索繞過石桌下，大家又往手心吐了唾液，妻子躲進屋裡，唯恐見到有人砸爛了腳，四個男人同時脫腸。「不管怎麼樣，」第迪耶說，「就是別撒手，預備，起！」這時傳出一陣粗口咒罵和關節嘎啦嘎啦作響的聲音，還有如大象在用力時發出的咕噥聲，桌面慢慢通過門口，總算進入庭園。

我們先比較一番各人的傷勢和扭傷處，才去架起桌子的底座，用水泥將桌面底座黏合起來——那底座不過重不到一百四十公斤，相形之下微不足道。最後一次抬起桌面，架上去了，可是第迪耶不滿意；稍微有那麼一點點偏。他要首席助手艾力克鑽到桌底，手腳著地蹲好，背頂著桌面，等桌面位置挪正，我心裡叨唸著，我投的保險支不支付有人被壓死這一條啊。好在，艾力克從桌下出來，外觀看來並沒有受傷，我這才放了心。不過，第迪耶快活地說，內傷才會讓人短命。我希望他只是開玩笑。

大夥喝起啤酒，欣賞桌子。看來就像二月那個下午，我們透過它在雪中的輪廓，想像它會有的模樣。桌子大小合宜，襯著園中的石牆，挺好看的。大夥身上的汗跡和血污很快就會乾掉，那時，也該吃午餐了。

在期待露天悠然用餐的種種樂趣時，只有一點令人稍感遺憾。有一種不中看卻很中吃的蕈菇快要下市，那就是貴如黃金的沃克呂斯新鮮松露。

松露的世界詭秘難解，不過外人可至卡龐特拉斯（Carpentras）附近小村略探究竟。那兒的咖啡館早上生意熱絡，客人一早就喝葡萄酒渣烈酒和蘋果白蘭地，然而一旦有陌生的面孔推門而入，含糊一片的談話聲便驟然終止。門外，男士們三五成群湊在一起，全神貫注，打量著、嗅聞著外表疙疙瘩瘩、沾滿泥土的東西，最後才把他們小心翼翼捧在手上的這玩意過秤。買方交錢，厚厚一疊污穢的鈔票，全是一百、兩百和五百法郎大鈔，賣方舔濕拇指，再次點數鈔票。外人非禮勿視。

從松露到三星餐館，還有「富香」（Fauchon）和「艾迪亞爾」（Hédiard）那樣貴到要命的巴黎食品店的過程中，這個非正規市場是第一階段。然而即便在這雞不下蛋的小地方，直接跟指甲縫都是泥巴、連呼吸都有昨日蒜頭氣味的男人購買松露，按一般愛用的說法，都「價格不菲」——賣方的汽車滿身坑疤，行駛起來上氣不接下氣，盛裝松露的不是體面的公事包，而是舊籃子或塑膠袋。松露是計重論公斤賣，一九八七年時價，一公斤松露在村裡市集至少兩千法郎，須付現，不收支票也絕不給收據，因為挖松露人可不急著參加政府主謀、我們稱之為所得稅的坑人把戲。

所以，起價是一公斤兩千法郎，經過各方經紀、中間人一路經手上去，等到松露抵達其崇高的歸宿，也就是波居斯或特拉瓦格拉瓦的廚房時，價格大概就翻了一倍。富香一公斤索價五千法郎跑不掉，但好歹那兒收支票。

這價錢高得離譜卻一直有人肯付，行情還持續看漲，原因有二：首先，除了新鮮松露外，世上顯然並沒有其他東西的氣味和滋味就像新鮮松露。其次，儘管法國人想方設法、煞費周章，卻始終無法靠人工培植松露。他們仍在努力當中，在沃克呂斯省，常可見到野外種了養松露的櫟樹，還豎立了閒人免近的告示。可是培植松露這回事，似乎沒有什麼道理，是唯大自然方解的奧秘，人類想種植松露卻始終無甚進展，松露因而更加物以稀為貴。在人類成功以前，想不花大筆鈔票便樂享松露只有一個辦法，就是自己去找。

算我們走運，有人免費指導採松露之道，這位高手就是水泥工拉蒙，他差不多是我們家的常駐專家了。他多年來試過各種方法，坦承自己略有成績。他不吝於給我們意見，一邊塗抹水泥一邊喝啤酒時，把方法一五一十講給我們聽。（他並未告訴我們該去哪兒找，可是沒有挖松露人會透露這一點。）

他說，一切全看時機、知識和耐心，還有一頭豬、受過訓練的獵犬或一根手杖。松露長在某種櫟樹或榛樹根部，離地面數公分。每年十一月至次年三月的產季，帶著夠敏銳的配備，靠嗅覺就可找到。最善於找松露的是豬，豬生來就愛松露的滋味，牠們在這方面嗅覺可比狗兒靈敏。不過，有個小問題：豬找到松露時，可不會搖著尾巴，指出牠的發現。牠想要吃，老實講，迫不及待地要把它吃掉。所以，正如拉蒙所說，面對著一頭因發現美食而欣喜若狂的豬，你可沒辦法跟牠講理。豬呢，要分散牠的注意力並不容易，體型又龐大，你無法一手擋住牠，另一手挖松露。牠的大小就像小型拖拉機，意志力又堅決，拒絕退讓。有鑒於此一根本的缺陷，難怪拉蒙會說，大夥如今越來越愛體型較輕盈也較乖巧的狗兒了。

狗不同於豬，並非本能就愛吃松露，必須加以訓練，拉蒙最中意香腸法。取來一片香腸，拿松露在上頭擦擦，或用松露汁浸泡，讓狗兒逐漸一聞到松露就聯想起人間美味。慢慢的，你的狗兒就會跟你一樣熱愛松露了。如果牠既聰明又好吃，這速度就會加快很多。這時，可以帶狗兒去做實地演練。狗只要訓練得夠徹底，性情也適合這工作，加上你又知道該上哪兒去找，那麼你就有條採松露狗了。牠會帶著你去找到埋藏在地下的寶藏，當牠開始挖土時，你用一片有松露味道的香腸誘開牠，自己去挖掘那貴如黑金般的疙瘩玩意。

到頭來，拉蒙自己採用的卻是手杖法。他示範給我們看，他假裝手持枴杖在前，躡手躡腳走過廚房。同樣的，你還是得知道該上哪兒去找，不過這一回必須等待適當的天氣。當陽光照耀在看來大有希望的櫟樹根部時，小心翼翼走過去，用手杖輕戳樹基四周。如果有隻蒼蠅受驚向上飛，在那裡做個記號，往下挖，你驚起的說不定是天生愛在松露上產卵的某種蒼蠅（這肯定為松露增添了某種天知道是啥的風味）。沃克呂斯有不少農民採取此法，因為帶著手杖散步可不像帶豬散步那般鬼祟，如此較易保守秘密。挖松露人喜歡保護消息來源。

雖說找松露靠運氣，無從預期，但是比起松露買賣和運銷事務之詭詐，幾乎就顯得乾脆明瞭了。拉蒙儼如調查記者般，不時眨眼示意，推推我們的手肘，把種種最不堪的做法都告訴我們。

說到法國食品，有幾個地區以產品最佳而著稱，好比說，尼翁（Nyons）的橄欖最好，芥末要屬第戎的好，最佳的甜瓜來自卡瓦雍，諾曼第的奶油最棒。公認最優質的松露產自佩里戈（Périgord），其價格自然就高些。可是，你又如何能得知，在卡歐（Cahors）買的松露就不是挖自數百公里外的沃克呂斯呢？除非你認得賣家，又信任對方，否則就無法確定。根據拉蒙的內幕消息，佩里戈售出的松露有五成是產自別處的「歸化」品。

還有一件奇事就是，松露出土後送上磅秤前，不知怎的就變重了，可能是像包裝禮物一樣，給抹上了泥土；也可能是有個比較重的東西，莫名其妙地自己鑽進松露裡頭——外表看不出來，等你用刀子切到中間部位，才露出薄薄的金屬片。「這些傢伙，全是壞蛋！」就算你情願犧牲新鮮松露的風味，改吃應該有保障的罐頭品，即便如此，也無法打包票。有謠言傳出，有些貼著法國商標的法國罐頭其實裝的是義大利或西班牙的松露。（此事倘若屬實，想必是歐市國家之間獲利甚鉅卻未張揚的合作事業。）

然而，雖然詐欺之說耳語不斷，價格又一年比一年更離譜，法國人仍聞香而去，大掏腰包。我們呢，一聽說地方上有家我們喜愛的餐館供應本季最後的松露，就效法法國人，做起同樣的事。

「米歇家」（Chez Michel）是卡彼里耶村（Cabrières）的酒吧兼滾球俱樂部會址，裝潢不夠華麗堂皇，吸引不了米其林星探的注意。老人家在前頭打撲克牌，顧客在後頭大啖美食。老闆主廚，老闆娘給客人點菜，家裡其他人在外場和廚房幫忙。這是家舒服的街坊小館，不打算為了美食之名忙得團團轉，把手藝佳的廚師捧成名牌，宜人的餐館變成昂貴的美食殿堂。

老闆娘安排我們就座，送來開胃酒，我們問她松露好不好，她翻翻白眼，臉上露出近似痛苦的表情。我們一時以為已經沒有松露了，不過那只是她對人生諸多不公平事的反應而已，她後來說明了箇中緣故。

她的丈夫米歇熱愛烹調新鮮松露，他有他的貨源，也跟大家一樣用現金付帳，沒有收據。對他而言，這筆費用是實質且合法的營業開支，卻因為沒有書面文件可證明支出多少，而扣抵成本。此外，雖然套餐菜色中滿滿是松露，他又不肯提高定價，以免常客不開心。（冬季的客層是本地鄉親，用錢小心；肯花大錢的客人通常要到復活節才會大駕光臨。）

這就是問題所在，老闆娘盡量保持豁達，她拿了一只銅鍋給我們看，裡頭盛了價值數千法郎、無法扣抵的松露。我們問她米歇為何如此，她就做了一個標準的聳肩動作——肩頭和眉毛一起往上，嘴角則向下撇。「他高興囉。」她說。

我們叫了松露歐姆蛋，又濕潤又飽滿，鬆鬆軟軟的，每一口都吃得到細碎的黑金，那是冬季最後豐美的滋味。我們用麵包把盤子抹乾淨，猜想這一道菜在倫敦要多少錢，結論是，我們吃得太划算了。只要跟倫敦一比價，我們便可以理直氣壯地在普羅旺斯小小揮霍一下。

米歇走出廚房，沿桌向顧客致意。他留意到被我們吃得清潔溜溜的盤子，「松露，好吃吧？」我們說，何止好吃而已。他告訴我們，賣松露給他的那人（這行業的老流氓），最近給人搶了，搶走的硬紙盒裡塞滿了十萬法郎以上的現鈔，可是這人不敢報警，怕警察問起這筆錢是哪兒來，這問題太尷尬了。眼下，他哭著窮，他明年一定會漲價。這就是人生哪。

我們回到家，發現電話鈴響個不停。我們倆都討厭電話鈴聲，兩人總是爾虞我詐，想辦法讓對方去接聽。我們對打來的電話抱持著固有的悲觀態度，鈴聲總在最不合宜的時機響起，總是太突如其來，逼著你去進行預想不到的談話。信件就不同了，收信是愉快的事，至少你有時間來想想要怎麼答覆。但是如今大夥都不寫信了，大夥都太忙，凡事都太急匆匆，不考慮採用寄送帳單絕對可靠的服務，大夥不信任郵局。我們學會不去信任電話，我死氣沉沉地拿起話筒。

「天氣怎麼樣？」問話的人聽不出來是誰。

我說天氣不錯，這話想必意義重大，因為打電話來的人這時自我介紹說他是東尼。他不是我的朋友，甚至不是朋友的朋友，而是我認識的某人認識的人。「正在你們那兒找房了，」他以用字精簡、時間就是金錢的口氣說，那是企業高層主管用汽車電話跟老婆講話時會用的語調。「想你或可幫忙，打算在復活節旺季，法國佬漲價前過去。」

我說我可以給他一些房地產仲介的名字。「有點問題，」他說，「不講那語言，點菜，可以，就這樣。」我說我可以給他講雙語的仲介名字，這也不行。「不想只認準一家公司，很糟，無從制衡。」

這時，談話到了我該表示可以幫忙的時刻了，不然，我就必須說些什麼來斬斷這段你來我往的交談，以免情況有進一步發展，然而我沒有機會。

「得掛電話了，不能聊一夜。下週下去時有很多時間談。」跟著，就來了那讓我斷無藏身之望的可怕句子。「放心，我有你地址，我會找到你。」電話就掛斷了。

四月
Avril

那天早晨，在湛藍天空下，濕漉漉的晨霧籠罩著山谷。我們散步回家，狗兒沾了露水，身上的毛色濕濕亮亮，鬍鬚也在陽光下閃閃發光。牠們先看見陌生人，繞著他打轉，扮出一副兇惡的樣子。

他站在泳池邊，用一只設計頗具陽剛之氣的手提包來擋狗，往泳池水深處越退越近。他看到我們，似乎鬆了一口氣。

「狗沒問題吧？沒有狂犬病什麼的？」

我認出這聲音，是打電話來的那人，倫敦的東尼。他提著手提包加入我們，一起吃早餐。他塊頭大，腰部那一圈尤其豐滿；戴著有色眼鏡，頭髮仔細地梳得蓬蓬的，穿著淺色休閒服，管它是什麼天氣，英國訪客在普羅旺斯總是這副打扮。他坐下，從手提包拿出厚厚的萬用手冊、一支金筆、一包免稅的卡地亞香菸和金色打火機。手錶也是金的，我敢說有獎章式樣的金墜子躺臥在他的胸毛之間。他告訴我們，他從事廣告業。

他對我們簡短但極其浮誇地說明他的事業史，他自創廣告公司，白手起家——「創業維艱，競爭血腥」——最近以自稱很豐厚的價錢和五年合同，售出控股權益。這會兒，他說，他可以輕鬆一下了。不過，別人從他的一舉一動當中，可絕對看不出來他剛放下一間公司不管。他坐立不安，時時看錶，一再撥弄著桌上他的那堆雜物，調整眼鏡，不時深深吸一口菸。他冷不防站起來。

「可以借用一下電話講兩句嗎？倫敦的區碼是多少？」

我和妻子早料到，招待英國遊客來我家，這樣的情形跑不掉。他進門來，喝杯酒或咖啡，打電話回去查看他才剛走幾小時，事業是不是就垮台了。例必如此，從無變化，連電話內容也可想而知。

「喂，是我。對，我從普羅旺斯打來。一切都還好嗎？有沒有人留話給我？哦，沒有嗎？大衛沒回電話？哦，可惡。聽著，我今天會到處跑，不過你可以打到（這兒電話幾號？）找我，記下來沒有？什麼？對，這裡天氣很好。我會再打電話給你。」

東尼掛掉電話，再度向我們確認他公司狀況還行，他不在的時候依然過得去。這會兒，他準備好要拿出他（還有我們的）全副心力，從事購買房地產事宜。

在普羅旺斯購房不能說不複雜。有件事不難了解：忙碌又講求效率的城市人，習於處事果決又當機立斷，在這兒迂迴談判好幾月，卻始終沒有結果，只好放棄。他們一路會碰到許多出人意表的事，讓他們心生警惕和疑慮，第一件就是實際價格高於廣告價。這大部分是因為法國政府要課約百分之八的交易稅，還有很高的法務費用。有時根據買賣合同，須由買方支付百分之三至五的仲介佣金。運氣不好的話，買方到頭來除房價外，尚須支付額外百分之十五費用。

不過，有一個行之已久的漏洞可鑽，讓買賣雙方都蒙受其惠，既可省錢，又可擺政府一道，法國人都愛這辦法。那就是，把買賣價分成兩種，典型的例子如下：奚瓦雷先生是住在艾克斯（Aix）的商人，想把繼承來的鄉下老屋賣掉，要價一百萬法郎。這房子並不是他主要住處，因此售屋所得須課稅，他想了就心痛，從而決定，報給官方、留下紀錄的「公告價」是六十萬法郎，這個他會咬牙付稅。讓他安慰的是，另外四十萬法郎將採私下付現方式交款。他會向對方指出，這麼做不只對他有利，買方也受惠，因為須付的官方費用也會根據較低的公告價收取。好啦，這下子皆大歡喜。

買賣雙方要簽約時，實務做法得敲準時機，還需得到公證律師的體諒。買方、賣方和仲介等有關人員齊聚公證律師的辦公室，律師逐條高聲唸出合約內容，合約上的價格是六十萬法郎，買方帶來的四十萬現金必須交給賣方，不過要是當著律師面交錢，可就太不好看。所以，律師突然內急，待在洗手間裡，等鈔票點數清楚，現金易手後才出來。這時，他可以回來，接過寫著公告價金額的支票，監督雙方簽字，完全無損於法律名聲。有人不大厚道地說，在鄉間當公證律師必須具備兩個基本條件：一隻眼睛須看不見，膀胱得識時務。

然而，在見公證律師前或須克服許多障礙，多人持有產權問題就相當常見。按照法國法律，財產由子女共同繼承，每名子女持分相同。遺產若要出售，必須得到每位持分人同意，子女越多，越難達成協議，我家附近有間老農舍就是如此。這間農舍世代相傳，如今由十四人共同擁有，其中三人有科西嘉血統，據法國朋友說，這三人因而難以理喻。每回有人開價要買，十四人中有九人同意，兩人舉棋不定，科西嘉人則反對。農舍至今未出售，肯定將傳給這十四位親戚的三十八名子女手上。末了，會有一百七十五個彼此互不信任的遠房親戚共同擁有這房子。

就算房產只歸一位貪心的農民所有，好比說馬索，也不保證房子轉手的過程會簡單明瞭。那農夫或會開個天價，好讓他下半輩子只要喝喝酒、賭賭樂透就成。出現了一位買方同意他的價錢，這位農夫馬上懷疑其中有詐，太容易了，價格想必太低了。他反悔不賣，半年後再以更高的價錢推出上市。

另外，還有些小小的不便，總在最後一刻才不經意提出：有間附屬的小屋在打牌時輸給鄰居了；按照古老的路權協議，每年有兩次，羊群在技術上有權利通過廚房；自從一九五八年以來，有關井水使用權便有激烈未解的紛爭；目前那位佃農年老體衰，眼看著活不過明春——老是有讓人始料未及的事情，買方需要耐心和幽默感才能完成買賣。

我們開車去找一位熟識的房地產仲介時，我設法向東尼說明本地這些怪現象，但是根本白費唇舌。他以他那種「謙虛」的語氣坦承說，自己可是精明又善於謀略的談判高手，跟紐約廣告界的大人物交過手。法國官僚制度也好，法國農夫也好，都休想佔他便宜。我開始在想，自己是不是很不智，竟要把既無汽車電話又沒有私人業務經理的人介紹給他。

仲介在辦公室門口迎接我們，請我們坐下，給我們兩大疊厚厚的房地產資料和照片。她不會說英語，東尼的法語能力也幾近於無，既然不能直接溝通，他索性就當她不在場。這麼做目中無人，極其無禮，更糟的是他以為反正對方聽不懂，什麼難聽的話都可以出口。於是在那難堪的半小時中，東尼一邊翻檔案一邊嘀嘀咕咕地說「幹！」、「開玩笑！」，我則心虛地把他的話翻譯成他對價錢感到驚訝這樣的廢話。

他起先打定主意，要找一間不連土地的村舍，他忙得沒空打理庭園。但是我看得出來，他一邊翻閱房地產資料，一邊就改了心意，越來越想當普羅旺斯鄉紳，擁有大片的葡萄園和橄欖樹。他還沒看完資料，便已在煩惱該在哪裡蓋他的網球場。我很失望，他竟認為有三處房產值得注意。

「我們下午再看。」他宣佈，在他的萬用手冊上記了幾筆，看看他的手錶。我以為他要徵收仲介的電話打個國際電話，不過他只是在因應肚皮發給他的訊號。「我們殺到餐館吧，」他說，「兩點就可以再來。」東尼對著仲介伸出兩根指頭，她微笑點頭，我們告辭，讓這位可憐的女士休養生息。

午餐時，我告訴東尼下午不陪他和仲介看房子了。他對我還會有別的要事待辦感到驚訝，但點了第二瓶酒，對我說，錢是國際語言，依他看是不會有什麼困難的。不幸的是，帳單送來時，他發現不論是他的美國運通金卡，還是尚來不及換現的旅行支票，餐館老闆都無意接受。我付了帳，對國際語言發表了一點意見，東尼不大高興。

我懷抱著複雜的心情離開，既鬆了口氣，又有點罪惡感。粗人總是教人不快，可是身在異國，遇見這種同胞，往往教人覺得自己多少也要負點責任。第二天，我打電話給仲介道歉。「沒事，」她說，「巴黎人常常也同樣的糟糕，起碼他講什麼，我聽不懂。」

溫暖的天氣會持續下去，孟尼古奇先生的行頭對此提出最後的保證。他前來為他的夏季計畫——我們家的中央暖氣——進行初步考察。他的羊毛帽換成薄棉帽，帽上有句宣傳衛生設備的廣告詞，腳上穿的也不是禦寒的雪鞋，而是褐色帆布短靴。他的助手一副游擊隊打扮，穿著迷彩裝，頭戴叢林帽。兩人在我家各處丈量尺寸，孟尼古奇一邊發表各種議論。

他今天的第一個主題是音樂，他和妻子最近出席工匠和水電工的正式午宴，餐後有舞會，跳國際標準舞，他有多項拿手的才藝，跳舞是其中之一。「沒錯，彼得先生，」他說，「我們跳到了六點鐘，我的這一雙腿就像十八歲的年輕人。」我可以想見他動作靈活又精準地帶著夫人在地板上旋轉，不曉得他有沒有特製專在舞會中佩戴的帽子，因為我無法想像他沒戴帽子的模樣。我想必是想著想著就露出了微笑，「我知道，」他說，「你在想，華爾滋不是嚴肅的音樂，要聽嚴肅音樂，就得聽大師作品。」

他隨即闡述宏論，是有一天停電時吹單簧管想出來的，法國電力單位定期就會斷電一下。他說，電是科學和邏輯，古典音樂則是藝術和邏輯。明白了嗎？你已經看出共通點了，聆聽莫札特若干作品中嚴謹且合乎邏輯的曲式進行，就一定會得出一個結論，莫札特如果當電工，肯定技藝超群。

小伙子救了我，讓我免於回答，他剛計算出我們需要多少散熱器，得出的數字是二十。孟尼古奇聽到，身子縮了一下，一隻手像被燙到似的甩個不停。「哎呀，得花不少生丁哦。」他說要好幾百萬法郎，看到我一臉震驚，減了兩個零；他前頭講的是舊幣值。即便這樣，仍然是可觀的數額。鑄鐵成本高，加上政府的營業稅要加百分之十八點六。這讓他提起一件稅法不公的駭人事證，適足凸顯政客有多可惡。

「你買個淨身盆，」他說，伸出手指戳戳我，「得付全額營業稅。買洗衣機或螺絲起子也一樣要付。可是我告訴你一件大錯特錯的醜事，你買一罐魚子醬，付百分之六的營業稅，因為魚子醬的類別是營養品。請你告訴我，是什麼人會吃魚子醬？」可不是我。「我告訴你，是政客、富豪、巴黎的大人物——吃魚子醬的是他們。可惡。」他怒氣沖沖走開，去查看小伙子有沒有算錯散熱器數字，一邊數落總統府艾麗舍宮裡的人動不動就大吃魚子醬。

緊接著五六個星期，孟尼古奇將佔領我們家，拿著個頭差不多跟他一樣大小的鑽子，鑿穿厚重的老牆，弄得屋裡塵土飛揚，一邊還大發議論，想到這個，我們可就不怎麼期待這段時光的來臨。整座房屋幾乎每間房都有工程，過程冗長又髒兮兮。我們告訴自己，不過普羅旺斯有件事讓人開心，就是施工期間我們已在戶外。雖是早春，天氣已幾近炎熱，有個星期天早上，陽光在七點便透過窗戶照進臥室，喚醒了我們，我們興致勃勃地決定展開戶外生活季節。

美好的星期天少不了得逛逛市集，還不到八點，我們就到了科斯特雷（Coustellet）。已不再使用的車站後頭有塊空地，停滿了一排排老舊的卡車和廂型車，每輛車前都擺了支架桌。黑板上寫著今天蔬菜的價錢。攤主們個個皮膚黧黑，是在田裡曬出來的，他們吃著從對街麵包店裡買來的牛角可頌和奶油布里歐麵包，麵包還熱呼呼的。我們看到有位老人用木柄小刀，把長棍麵包縱切成片，抹上一層柔潤的新鮮山羊乳酪，然後從一公升容量的酒瓶裡，給自己倒了一杯紅酒，這瓶酒可以一直喝到午餐時分。

跟卡瓦雍、艾普特和索格河島（Isle-sur-la-Sorgue）每週一次的市集比起來，科斯特雷市集又小又不時髦。顧客挽著菜籃，沒掛著相機，只有七、八月，才可能會看到偶爾有巴黎來的高傲婦人，穿著迪奧的運動服，牽著神經質的小型犬。其他時候，從春天到秋天，市集上都是本地居民，來買農夫數小時前才從土裡或溫室中採收的農產品。

我們沿著一排排的攤位慢慢逛，讚嘆法國家庭主婦毫不留情的本領。跟我們不同，她買東西以前不會單是看看就滿足了，而會拿起來看，捏一捏茄子，聞聞番茄，用手指掐一掐如火柴般細的嫩菜豆，不放心地剝開濕濕的萵苣生菜心察看，嚐一嚐乳酪和橄欖——要是這些東西達不到她的私人標準，她就會好像被人辜負了一樣，瞪攤主一眼，然後轉往別處再如法炮製一番。

在市集的一頭，葡萄酒合作社❶的車旁圍了一圈男人，正用粉紅酒徹底漱洗牙齒。在他們旁邊有個女的，賣放養雞蛋和活兔子。再過去的攤位上堆著如山高般的蔬菜、小小一束芳香四溢的羅勒、一瓶瓶薰衣草蜂蜜、綠色大瓶的初榨橄欖油、一盒盒溫室桃子、一罐罐普羅旺斯黑橄欖醬、鮮花和香草、果醬和乳酪，在星期天的朝陽下，每一樣都令人垂涎。

我們買了紅甜椒，要烤來吃，又買了褐殼的大雞蛋、羅勒、桃子、山羊乳酪、萵苣生菜和粉紅條紋的洋蔥。買到籃子已裝不下了，過街到對面買了有半公尺長的麵包，盤上若殘留有橄欖油或油醋汁，用這種麵包抹乾淨吃了，最美味了。麵包店裡又擠又吵，滿室飄著麵糰的暖香，還有早上烤蛋糕的杏仁香。我們

❶葡萄酒合作社：釀酒合作社是由許多成員所共同組成，一個專門釀酒的農業合作社。這些成員通常都擁有自己的葡萄園，他們提供葡萄給合作社，由合作社負責釀酒及銷售。

等候時，想起有人講過，法國人賺了錢，會花在口腹之欲上，而英國人則拿來買車和音響，要我們相信這話，不難。

每個人買起東西來都好像家裡有一個軍團要養，有位圓滾滾的快活女士買了六大條麵包，加起來有三公尺長，還買了像帽子那麼大的布里歐麵包、一整個車輪大小的蘋果塔，薄薄的蘋果片圍成一圈圈的同心圓，上面塗了亮晶晶的杏桃醬。我們這下發覺，我們竟然沒吃早餐。

就用午餐來彌補：冷的烤紅椒浸在橄欖油裡，滑溜溜的，拌了新鮮羅勒；串烤培根裹貽貝、沙拉和乳酪。烈日當空，酒令我們醺然欲眠，這時，我們聽見電話鈴響。

電話鈴只要是星期天中午至三點之間響起，來電者就一定是英國人，這已經是人生常規了。一週當中屬這一餐最輕鬆自在，法國人作夢也不會想到在此時去打擾人家。我真該就讓電話鈴響下去，又是廣告人東尼，從電話中沒有靜電雜音聽來，他跟此地的距離近得可怕。

「只是想跟你聯繫聯繫。」我聽得見他吸了一口菸，我心裡暗自決定買電話答錄機，好對付這種星期天想要聯繫聯繫的人。

「我想我找到地方了。」他並未停下聽聽此番宣告形成的效果，因此沒聽到我的心陡地一沉。「離你滿遠，其實較接近海岸。」我跟他說太好了，離海岸越近越好。「需要大大整修，所以我不會付他要的價錢。打算帶我的工人過來施工，他們整修我的辦公室，從頭到尾只要六星期。愛爾蘭人，但棒透了。他們一個月就可以把這地方收拾好。」

我很想鼓勵他這麼做，一票愛爾蘭人嘗到在普羅旺斯建築工地做工的甜頭——陽光好，酒便宜，工程想拖多久就多久，業主遠在天邊，不會成天囉嗦——想想這可是絕妙喜鬧短劇的好題材，我可以看見墨菲先生帶著手下拖到十月才完工，說不定八月時還把家人從老家接來，好好度個假。我告訴東尼，最好還是雇用本地工人，而且該請建築師替他雇工。

「不需要建築師，」他說，「我完全清楚自己要什麼。」最好還是請。「我幹嘛付錢給他動動手，動動腳，畫兩張圖？」我幫不上忙，他最懂了。我問他何時回英國。「今晚。」他說，然後一一說明他記在萬用手冊上的忙碌行程：星期一見客戶，到紐約三天，在米頓堅有銷售會議。他滔滔不絕地說著，帶著不可或缺的企業高層主管那種故作姿態的厭倦語氣，可這一切他其實愛得很。「總之，」他說，「我會跟你保持聯繫。我一兩週內還不會敲定這房子的買賣，但我一簽字就會告訴你。」

我和妻子坐在泳池邊納悶，這不是我們頭一回想不通，怎麼我們倆就很難擺脫厚顏無禮之徒。夏季時，還會有更多這種人來，要吃要喝要住，要游泳好幾天，還要我們開車送他們去機場。我們自認並非孤僻遁世之人，但是與這位積極進取的東尼短暫接觸的經驗足以提醒我們，接下來數月，我們需要堅持立場，臨機應變，還需要一部答錄機。

馬索顯然也注意到夏之將至，因為幾天後我在森林中看到他時，他正忙著加固他的防範露營者設施。在已架好的「私人產業！」告示下，他又釘上一連串簡短但兇惡的警語：「當心！有毒蛇！」絕佳的嚇阻詞，充滿恫嚇的意味，又沒有其他警語的一大缺點，無需提供像惡犬、通電圍籬和荷槍警衛之類的證據。再有決心的露營客晚上在鑽進睡袋前，都得考慮考慮，會不會有本地住戶蜷曲在睡袋裡頭。我問馬索，呂貝宏是不是真有毒蛇，他搖搖頭，一副「外國人真無知」的樣子。

「有，」他說，「不大啦。」他舉起雙手，比了約三十公分長的樣子，「不過假如被咬了，必須在四十五分鐘之內就醫，不然的話……」他頭一歪舌一伸，扮起鬼臉，「據說，毒蛇咬了男人，男人會死，但是毒蛇咬了女人，」他傾身向前，眉毛往上挑，「毒蛇會死。」他樂不可支地笑了數聲，遞給我粗粗一根玉米紙捲菸。「沒穿上好靴子，千萬別出門散步。」

據馬索教授表示，呂貝宏的毒蛇會避開人類，只有受到打擾才會發動攻擊。馬索建議，一旦遭到蛇的攻擊，需之字形跑步，而且最好往山上跑，因為發怒的毒蛇在平地可以短距離直線衝刺，不比人跑得慢。我緊張地四下張望，馬索哈哈大笑。「當然，還有農夫的絕招可以試試，抓住蛇的後腦勺，用力捏，捏得牠嘴巴大張，往牠口裡吐口水，啐！牠就死啦。」他示範著吐了一口唾液，正中他的一條狗的腦袋。「最棒的法子還是，」馬索說，「帶上個女人同行，她們跑得比男人慢，蛇會先追到她們。」他回家吃早餐，留下我小心翼翼地穿過林間，一邊練習吐口水。

復活節週末到了，我們的三十棵櫻桃樹同時開花，從路上望過來，我們家有如浮在粉紅和白色交織的花海上，開車經過的人要嘛會停下車來拍照，要不遲疑不決地走上我家車道，聽見狗吠聲才往回走。有一夥人特別大膽，把一輛瑞士牌照的車子直開到我家門外，在屋前停車。我出門探看他們有何貴幹。

「我們要在這裡野餐。」駕車的人告訴我。

「抱歉，這裡是私人住宅。」

「不對，不對，」他說，一邊對我揮著地圖，「這裡是呂貝宏。」

「不對，不對，」我說，「那裡是呂貝宏。」我指著山。

「可是車子沒法開上去。」

末了，他悻悻然把車開走，在我們正努力培養草皮的草地上留下深深的輪胎印。觀光季節展開了。

復活節週日那天，山上村子小小的停車場車滿為患，沒有一輛車掛著本地車牌。遊客在狹窄的街道上尋幽訪勝，好奇地往民宅張望，在教堂前擺姿勢拍照。有個年輕小伙子整天就坐在雜貨店隔壁門口，向路過的每個人索取十法郎好打個電話，然後拿著錢進了咖啡館。

進步咖啡館多年來堅持不懈，成功地讓自己看來一點都不風光如畫，它是室內設計師的夢魘，桌椅互不搭配且搖搖晃晃，牆壁粉刷陰暗恐怖，洗手間不時水聲四濺，有時又滴滴答答，噪音不絕於耳，一旁的冰淇淋機也破舊不堪。老闆粗魯，他的狗毛皮暗淡無光到難以筆墨形容的田地。然而，洗手間旁有裝了玻璃遮風板的露天座位，視野遼闊，風景壯麗，是個適合喝杯啤酒看風景的好地方，可以欣賞山丘和村莊的光影變化，一路連綿至下阿爾卑斯山。一張手寫告示警告你不可把菸蒂往窗外扔，因為下面一家露天餐館顧客屢有怨言，不過只要你遵守這條規矩，便不會受到打擾。常客都坐在吧台，遊客才會去坐露天座位，復活節星期天那裡座無虛席。

有荷蘭人，登山靴、雙肩背包，裝備齊全；有德國人，佩戴著徠卡相機和沉甸甸的人造珠寶首飾；有巴黎人，驕傲又精明，仔細檢查玻璃杯上是不是有細菌；有位英國人穿著涼鞋和領口敞開的上班族條紋襯衫，正用口袋型電子計算機計算假期的花費，他的妻子則在寫明信片給英格蘭的鄰居。狗在桌間嗅來嗅去，找尋方糖，害得注重衛生的巴黎人身子直往後縮。收音機播放著尤蒙頓的歌聲，卻敵不過廁所的音效。本地人紛紛離開，準備回家吃午飯，喝乾的茴香酒杯往吧台一放，砰砰作響。

咖啡館外，三輛車相持不下，相互咆哮。只要其中一輛退後十公尺，大家就都能通過，但是法國駕駛人認為讓路太沒志氣，同理，他們覺得自己應該隨地停車以造成最大的不便，在視線不良的彎道超車，才算有公德心。他們常批評義大利人是危險駕駛，但是我倒認為晚上餓著肚子在N100公路上飛車的法國人，才是真正的瘋狂殺手。

我自村子開車返家，剛好錯過本季第一宗車禍。有輛白色標緻舊車的屁股撞上路底的電線杆，衝撞力之猛，電線杆斷成兩截。看不到附近有別的車子，路面乾爽平直。讓人很難想透車屁股怎會如此猛烈撞上電線杆。有位年輕人站在路中間搔頭，我停下車，他咧嘴而笑。

我問他有沒有受傷。「我沒事，」他說，「不過我看車子是掛了。」我看看彎向車子的電線杆，下垂的電線拉住了木杆，使它沒有完全倒下。那個也掛了。

「我們動作得快一點，」年輕人說，「不可以讓別人知道。」他豎起食指貼唇，「你能不能送我回家？就在前面不遠，我需要拖拉機。」他上了我的車，車輛肇事原因不言自明；他聞起來像剛泡了茴香酒。他解釋說，得迅速且秘密地把車子移走，萬一郵局發現他撞壞電線杆，就會叫他賠償。「不可以讓別人知道。」他重複說，還打了一兩個酒嗝加強語氣。

我送他回去，自己也回家。半小時後，我出去看看車子是否已悄悄移走，可是車子還在，有一群農夫在旁邊七嘴八舌地爭論，另外還有兩輛車和一部拖拉機，擋住了路面。我在那兒看著，又有一輛車駛來，按起喇叭，示意拖拉機讓道。拖拉機上的男人指指車禍現場，聳聳肩。喇叭聲又響，這一回響個不停，聲震山谷，想必連兩公里外的梅納布都聽得到。

騷動又持續了半小時，標緻車總算被拖出溝渠，秘密車隊朝著本地修車廠的方向消失不見，留下電線杆在微風中嘎吱作響。過了數日，郵局派人來換新電線杆，吸引一小群人圍觀。工人問一位農夫這是怎麼回事，後者無辜地聳聳肩。
「誰知道呢？」他說，「蟲蛀的吧？」

巴黎來的朋友訝然看著他的空酒杯，彷彿那酒在他沒注意時蒸發了。我又替他倒了點酒，他往椅背一靠，臉龐迎向陽光。
「在巴黎，我們還開著暖氣呢。」他說，喝了一口冰涼的威尼斯波姆（Beaumnes de Venise）甜葡萄酒，「雨下了好幾個星期，我可以了解你為什麼喜歡這裡。注意了，我可不適合這裡。」
他美美吃頓午餐後，浴在暖陽中，看來適合得很，不過我沒跟他唱反調。
「你一定會討厭這裡的，」我說，「八成會曬出皮膚癌，又因為喝太多酒而肝硬化，還有，如果你竟然覺得這裡還可以，也會想念看戲的滋味。反正，一整天下來有啥事可做？」

他們下車。兩人都是城市打扮，男的穿著剪裁合身的西裝，妻子戴著帽子，披著斗篷，腳穿漆皮靴。

他們說，您在家，太好了，這房子真好看。我在這兒住很久了嗎？沒有？那我肯定需要貨真價實的東方地毯了。今天算我走運，因為他們剛從亞維儂過來，在那兒參加一個重要的地毯展，湊巧還有幾張上選的地毯沒賣掉。這對夫婦原本要把它們運回巴黎——那裡有品味的人可是會搶購的——但決定到鄉間兜兜風，命運將他們帶到我面前。為了紀念這宗善緣，他們願意讓我以「非常有意思」的價格，挑選他們珍藏最精美的地毯。

這位瀟灑的小個頭男士報告好消息時，他的妻子已將地毯搬下車，漂漂亮亮地排在車道上，大聲讚嘆每一張都是那麼好看：「啊，真是美！」、「看它在陽光下的色彩！」、「這一張，哎呀，真捨不得脫手啊」。她快步走回來加入我們，漆皮靴閃亮發光，她和丈夫看著我，一臉的期待。

普羅旺斯人對賣地毯的人沒有好評，這裡形容某人是「地毯商」，暗指此人滑頭，糟一點的話，甚至連你祖母的束腹都要偷。我也聽說過，巡迴的地毯推銷員常是竊賊的同謀，穿街走巷，偵察打探一般人家的狀況。還有，地毯常有可能是假貨或是贓品。

不過這些地毯看來不像假貨，而且我覺得其中有一塊小地毯滿漂亮的。我錯不該說出這個想法，老闆娘看看她丈夫，無比熟練地露出驚訝的表情。「太了不起了！」她說，「先生的眼力可真好，這絕對也是我們最喜愛的。不過，何不再買一張更大一點的呢？」可惜，我說，我身上沒半毛錢，但是他們不以為意，這只是暫時小小的不便而已。我可以稍後再付款，付現的話還有不小的折扣。我再看了地毯一眼，我的一條狗躺在上面，輕輕打著鼾。老闆娘欣喜地低聲說：「先生，您看到了嗎？您的狗狗已替您選好了。」我投降，經過三分鐘很不在行的殺價，以原價的五折成交，我去拿我的支票簿。他們在旁邊很仔細地看著我寫支票，請我不要填收票人姓名。他們保證明年會再來，然後繞過我們家的新地毯和沉睡的狗兒，慢慢把車開走，老闆娘自地毯堆中，微笑著以女王之姿向我揮手。他們這一趟來訪，耗掉我一早上時間。

那週最後一段插曲，就比較不愉快。有輛卡車送來碎石了，我看著司機倒車至他自己選好的卸貨位置時，後輪突然一陷，一聲重響，卡車向後傾斜，空氣中霎時彌漫一股刺鼻明顯的臭味。司機下車查看損壞情況，不假思索地準確說出最恰當的字眼。

「挫塞了！」他撞到化糞池了。

「所以你看，」我對我們的巴黎友人說，「不論如何，從來就沒有無聊的時刻。」

他沒有回答，我探身過去，摘下他的太陽眼鏡，照進眼睛的陽光喚醒了他。

「怎麼了？」

五月
Mai

五月一日，一早陽光明媚，有個好的開始，既然是國定假日，我們心想，應該乖乖按照法國習慣，向夏季運動致敬，騎單車去。

較強悍又認真的單車騎士皆已鍛鍊好幾週，他們穿著厚厚的黑緊身褲，戴著面罩，力禦料峭春寒。然而這會兒天氣夠暖和了，像我們這樣嬌弱的業餘騎士，也可以穿著短褲和厚運動衫出門。我們向卡瓦雍一位姓昆提的先生買了兩輛輕巧靈敏的單車——「這可是優質自行車！」本地的單車俱樂部成員穿著色彩明亮的行頭，優雅馳騁在鄉村道上，忽上忽下，一派輕鬆，一點也不費力，我們迫不及待要加入他們的行列。我們以為，經過一個冬季的跋涉步行，自己的兩條腿已夠強壯有力，踩個十六公里，騎至奔牛村，再到拉科斯特——不過是騎上坡一小時的輕鬆運動，小意思而已。

一開始真夠容易，不過我們一騎上車，就發覺那坐墊又窄又硬，頓時明白有些騎士何以在短褲後面塞塊牛排權充軟墊，好保護尾骨不致震傷。不過，前面三四公里並不費力，就讓車輪滑動，我們只管欣賞風景就好。櫻桃逐漸紅了，葡萄藤不復冬季蕭索的枯骨模樣，長滿嫩綠的葉子，山色青翠柔美，輪子在地面摩擦出規律的聲音，偶爾有迷迭香、薰衣草和野生百里香的香味飄來，騎單車比散步更能振奮精神，比駕車安靜又健康，不那麼費勁，又令人愉快。我們以前怎麼沒騎車呢？怎麼沒有天天都騎呢？

我們一路怡然自得，直到得往上爬坡到奔牛村。我的單車突然變重了，大腿肌肉因坡度變陡而怨聲載道，缺乏鍛鍊的背部也痛了起來。我忘卻大自然之美，恨不得自己在短褲裡塞了牛排。快到奔牛村時，我連呼吸都疼。

客來麗希咖啡館的女店主站在門口，兩手扠在豐滿的臀部上。她看著我們這兩個臉紅氣喘的傢伙趴在單車龍頭上。「我的天！環法賽今年提早開始啦。」她端來啤酒，我們坐進舒服的椅子，這才是為人類的臀部設計的座椅嘛。拉科斯特此刻看來何其遙遠。

通往薩德侯爵古堡廢墟蜿蜒而上的山路，漫長陡峭又令人苦不堪言。我們好不容易騎上半山腰時，聽見變速器呼呼作響，一位單車騎士越過我們而去，此人瘦而結實，皮膚曬成古銅色，年約六十五歲。「早安！」他精神煥發地說，「一路順風。」然後繼續上坡，消失蹤影。我們費力向前行，頭埋得低低的，腿痛如焚，思念著啤酒。

那老人從山上下來，掉轉車頭與我們並肩同行。「勇敢一點，」他說，呼吸一點也不沉重，「就快到了，加油！」他和我們一同騎進拉科斯特，那兩條精瘦年老的腿輕鬆地踩著鐵馬，施然而去。他為了預防雙腳不小心跌傷或擦傷，腿毛剃得光溜溜的。

我們一屁股坐進又一家咖啡館的露天座位，這裡居高臨下，眺望著山谷。好歹從這裡回家多半是下坡路，我打消叫救護車的念頭。那位老人家喝著一杯薄荷冰，跟我們說他今天已騎了三十公里路，午餐前還打算再騎二十公里。我們恭維他身子如此硬朗。「大不如從前了，我滿六十歲起，就無法再騎上凡度山，這會兒只能小小溜達一下。」我們即便對自己能爬上山來還有一絲絲自得之意，這時也都煙消雲散。

回家的路程比較容易，但是到家時還是渾身又熱又痠痛。我們下得車來，支著兩條僵硬的腿走向泳池，邊走邊脫衣服，直接跳進池裡，有如置身天堂。游完泳，躺在陽光下，手邊有一杯葡萄酒，我們決定了，要把騎單車列為夏季定期該做的活動。不過，後來有好一陣子，我們一看到腳踏車墊就生畏。

我們家四周的田地每天都有慢慢移動的人影，井然有序地穿越田野，為葡萄園除草，修剪櫻桃樹，給沙地翻土。一切都不疾不徐，中午時分停工，在樹蔭下吃午餐，在午休的兩小時中，耳邊只有好幾百公尺以外片段的談話聲，穿過靜止的空氣傳來。

老傅大多時候都在田裡，一早七點就帶著狗，開著他的拖拉機來。他通常都會規劃組織一番，好讓一日工作將盡時，他人就會在我家附近，近得聽得見杯觥交錯之聲。他一般都只喝一杯酒，歇一會兒，聊聊天，如果喝上兩杯，拉長了來訪時間，那表示有正事要談——是他在葡萄園裡幹活時深思熟慮，想到的進一步農業合作方案。他從不打開天窗說亮話，而是旁敲側擊，迂迴曲折，小心翼翼。

「你喜歡兔子嗎？」

我太了解他了，曉得他指的不是把兔子養在家裡當寵物，況且他邊說邊拍拍肚皮，還咕咕噥噥、崇敬有加地提起什麼燉肉和肉醬。然而他說，問題在於，兔子胃口太好了，牠們的胃口像無底洞，一公斤又一公斤吃不停。我點點頭，但茫然不知我們喜不喜歡兔肉和飢餓的兔子有什麼關聯。

老傅站起來，請我到庭園門邊。他指著兩小塊梯形空地，「紫花苜蓿，」他說，「兔子愛吃，從現在起到秋季，可以收割三次。」我對本地植物所知甚淺，本以為地上長的是某種普羅旺斯野花雜草，原打算清除，幸好還沒動手，否則老傅的兔子絕不會原諒我。我疏於園藝反倒無心插柳。老傅怕我沒聽懂，手拿著酒杯朝那兩塊空地一揮，重申：「兔子愛吃紫花苜蓿。」他發出嘖草聲，我跟他說，那片苜蓿隨他割給兔子吃，他這才停止嘖嘖有聲。

「好，如果你肯定自己不需要，我就去割。」任務達成，他踏著沉重的步伐走回拖拉機。

老傅在很多方面動作很慢，致謝卻很迅速，第二天傍晚帶著一大綑蘆筍又來了，那蘆筍用紅白藍三色的緞帶紮得漂漂亮亮的。他的妻子昂莉葉跟在後頭，手裡拿著鶴嘴鋤、一綑繩子和一桶薰衣草嫩苗。她說，這些薰衣草早就該種了，可是她的親戚才剛從上阿爾卑斯山帶過來給她，這會兒得立刻種下。

在我們看來，他們倆分工並不公平。老傅負責拉直繩子，一邊喝著茴香酒；昂莉葉揮鋤挖土，每隔一鋤柄的距離挖一個洞。我們想幫忙，遭到拒絕。「她做習慣了。」老傅得意地說，昂莉葉在夕陽餘暉中揮鋤、丈量距離、種薰衣草，聞言笑了起來。「每天做上八小時，睡得跟小貝比似的。」她只花了半小時就種完，這一壇五十株的薰衣草，排列整齊對稱，形成疆界，把兔子的紫花苜蓿工廠圍在裡面。半年後，每株薰衣草會像刺蝟那麼大，兩年後將齊膝高。

不管我們本來準備吃什麼當晚餐，這會兒都拋到一邊去，煮起蘆筍來。一大綑兩手合圍也握不住，一頓吃不完。代表法國國旗的三色緞帶印著老傅的姓名和地址，老傅告訴我們，按照法國的法規，必須註明生產者的身分。我們希望有一天我們的蘆筍長大了，也有咱家專屬的緞帶。

白色的蘆筍粗如拇指，頂端有好看的顏色和紋路。我們趁熱蘸融化的牛油吃，佐以下午才在呂米耶（Lumières）的老麵包店出爐的麵包，喝山谷裡葡萄園釀製的清淡紅酒，吃下喝下的每一口，都在支持本地產業。

我們透過敞開的大門，聽見院中的蛙鳴，還有夜鶯悠長的歌聲。我們端著最後一杯酒走到屋外，藉著月光的照明端詳種好的薰衣草，我們的狗兒在紫花苜蓿田裡肅清鼠輩。兔子今年夏天會吃得很好，老傅保證，到了冬天，兔肉就會因而更加美味。我們發覺自己跟法國人一樣，逐漸沉迷於美食之樂，遂轉回屋裡，完成未盡之事，把山羊乳酪吃掉。

泳池專家貝納帶來一份禮物，興致勃勃地替我們組裝。那是一組泳池專用的水上扶手椅，附有飲料架，遠從佛羅里達州邁阿密而來，按貝納的看法，那裡是泳池用品的首都。「法國人不懂這些，」他輕蔑地說，「是有些公司製造氣墊啦，可是躺在水上氣墊上，要怎麼喝東西呢？」他拴緊框架上最後一個螺帽頭，起身欣賞這洋溢著邁阿密耀眼風格，由保麗龍、塑膠和鋁做成的亮麗椅子。「看，杯子可以放在扶手上，你呢，舒舒服服地躺著就成，多奇妙啊。」他把椅子推到水面上，留心不讓水濺到他的粉紅襯衫和白長褲。「每天晚上都要收好，」他說，「吉普賽人馬上要來採櫻桃了，他們什麼都偷。」

這提醒了我們，該按原本的打算給房子買保險了，可是眼下有工人在牆上打了那麼多洞，可不會有保險公司願意冒險讓我們投保。貝納震驚得摘下太陽眼鏡，我們難道不知道？法國除了巴黎外，就屬沃克呂斯竊盜率最高。他看著我，好像我做了什麼再愚蠢不過的事情，「你必須立刻得到保護，我今天下午就派人來，他到以前，小心提防。」

我覺得這樣未免太大驚小怪，但是貝納似乎認定有一票強盜就在附近窺伺，一等我們去村裡買肉，就會傾巢而出，來個大搬家，把我家洗劫一空。他對我說，就在上星期，他的車子在自家門前給人用千斤頂舉起，偷走了四個輪子。這些傢伙混帳透頂。

我們之所以拖著沒辦保險，除了懶散以外，還有一個原因是，討厭跟保險公司打交道，討厭他們那些模稜兩可的文字、閃爍的言詞、有關可免除理賠責任條件的聲明，還有那些用極小字體打的、根本無法辨讀的合約條文。不過，貝納說得對，聽天由命未免不智，我們恭敬不如從命，下午就準備跟一位穿西裝的灰髮先生會面，他會教我們把冰箱上鎖。

當天五點多駛來一輛汽車，帶來飛揚的塵土。來者顯然找錯了人家，他年紀不大，皮膚曬得黑黑的，長相英俊，穿著打扮有五〇年代薩克斯風樂手之風，十分光鮮——寬肩翻領外套綴滿了閃亮的絲線、萊姆綠襯衫、向腳踝逐漸收束的燈籠褲、深藍色麂皮鞋配上球狀縐膠鞋底、俗豔的藍綠色襪子。

「我姓符莒，叫提耶里，保險業務員。」

他踏著短促輕快的步伐走進屋來，我差一點就以為他會彈彈手指，在地板上靈活地滑個幾步。我端杯啤酒給他，設法平復心頭驚訝之情，他坐下，露出鮮豔的襪子。

「好漂亮的房子。」

他帶有濃重的普羅旺斯口音，與衣著構成奇異的反差，但這卻讓我放心起來。他公事公辦，態度嚴謹，問我們是否全年都住在這裡。他說，沃克呂斯竊盜率高，部分原因是由於很多房子是度假屋。如果一幢房屋一年中有十個月空著沒人住，嗯……他的外套肩頭部位往下一沉。做他這一行聽過太多故事，讓人真想住進保險箱。

不過，我們用不著擔心，我們常住此地，而且，我們還有狗。這很好，他計算保險費時會列入考慮。狗兒兇不兇？不兇的話，說不定可以送去受訓，他認得一個人，可以把獅子狗訓練成致命武器。

他用秀氣纖巧的手做了筆記，喝完他的啤酒。我領著他參觀屋子，他對沉重的木頭百葉窗板和結實的老門讚賞有加，在一扇小窗前卻停下腳步，嘖嘖有聲。那是個通風窗孔，不到三十公分見方。他告訴我們，現代的專門竊賊常常仿照維多利亞時代掃煙囪工人的做法，叫小孩鑽進大人鑽不過去的洞口。既然我們人在法國，官方規定的算法是，窗洞只要超過十二公分寬，便屬於少年竊賊可鑽之洞；不到十二公分的則可防範小小偷。這寬度怎麼算出來的，符莒先生並不清楚，但是這個窗口非得加裝鐵條不可，以防某個患厭食症的五歲小孩來洗劫我家。

那天，我們第二度聽說採櫻桃工人會對家居安全構成威脅——符莒說，是那些西班牙人或義大利人，他們每採一公斤只有三法郎微薄的工資，今天來，明天走，帶來重大的風險，盡量小心為妙。我答應提高警覺，盡快給窗口加裝鐵條，並訓誡狗兒要兇一點。他放下心來，迎著夕陽駕車離去，汽車音響大聲播放布魯斯・史賓斯汀（Bruce Springsteen）的歌聲。

我開始對採櫻桃工人產生可怕的幻想，我們想親眼看到這些手指靈活輕巧的歹徒，他們想必隨時就會出現在我們跟前，因為櫻桃已成熟待採，我們嚐過了。這陣子我們都在迎向朝陽的小露台上用早餐，二十公尺外的老櫻桃樹結實纍纍，妻子在煮咖啡時，我便採櫻桃，它們清涼又多汁，果肉近乎黑色，是我們一天當中的第一樣美食。

有天早上，我們聽到我們家和馬路之間傳來收音機的廣播聲，便知道有組織的採收櫻桃工作已經展開。狗兒跑去偵查，豎起毛髮，狺狺有聲，自以為威武。我跟在後面，以為會看到一群皮膚黑黝黝的陌生人，還有他們手腳不乾淨的孩子。他們的身體從腰部以上被樹葉遮住，只看到一雙雙不同的腳，站在三角形木梯上。這時，有張戴著草帽、形如滿月的古銅色大圓臉，冷不防從樹葉間探出來。

「好吃呢，這些櫻桃。」他對我伸出一根手指，指尖掛著一對櫻桃。原來是老傅，他和昂莉葉與一干親戚決定自己採收櫻桃，因為從外頭請工人太貴了。想想看，竟有人索取每五斤五法郎的工資！我設法想像：站在梯上，一天辛勞工作十小時，不時有果蠅叮咬，夜裡湊合著睡在穀倉或小貨車後車廂——在我看來，工資並不算優渥。但老傅萬般的不以為然，根本是在光天化日之下行搶嘛，可是話說回來，不過就採櫻桃工人，何必有太多的期望？他估計可以採收到兩噸左右的櫻桃交給艾普特的果醬廠，收入就留給自家，不落外人田。

後來數日，果園中滿是形形色色的採櫻桃工人，有天傍晚我停下車來，讓其中兩位工人搭便車去奔牛村。他們是澳洲來的學生，臉曬得紅通通的，還沾著櫻桃汁。他們疲憊不堪，埋怨工時太長、工作單調乏味，法國農民又好吝嗇。

「嗯，不過你們好歹看到了一小部分的法國。」

「法國？」其中一位說，「我只看到了熱得要命的櫻桃樹叢。」

他們決心回澳洲，普羅旺斯沒有什麼好留戀。他們不喜歡這裡的人，總覺得食物怪怪的有問題，法國啤酒害他們拉肚子。即便是風景，按澳洲的標準來看也很小家子氣。他們不敢相信我選擇住在這裡，我設法說明，可是，我們講的是兩個不同的國度。我讓他們在咖啡館下車，他們會整晚在那兒思鄉。那是我頭一回遇見悲苦的澳洲人，聽到有人竟如此痛責我鍾愛的地方，委實令我洩氣。

貝納讓我又快活起來。我替他翻譯了一封英國客戶的來信，所以來他在奔牛村的辦公室，把信交給他。他一邊開門，一邊呵呵大笑。

他的朋友，亦即我們的建築師克里斯欽，剛剛收到委託，要請他重新設計卡瓦雍一家妓院。當然啦，會有許多不同尋常的需求，好比說，鏡子安放的位置就十分重要。一般典雅的臥室中不會有的若干設施，這裡必須要有。淨身盆使用次數特別頻繁，功能必須無懈可擊。我想到孟尼古奇先生和小伙子設法調整水龍頭和墊圈，從北方來的巡迴業務員則在迴廊上追逐衣著暴露的年輕女郎。我想到水泥工拉蒙，這位眼中常露堅定神采的男子，在脂粉堆中盡情作樂，就在那兒度其餘生。太妙了！

可惜，貝納說，雖然克里斯欽認為這份工作對建築師而言艱鉅歸艱鉅，卻很有意思，但他打算回絕。妓院老闆娘要求在短到離譜的時間內完工，施工期間妓院照常營業，這對工人的專注力可是嚴格的考驗。她也不預備付營業稅，因為她自己都不向客人索取營業稅了，憑什麼要她付給別人？到頭來，她雇用的會是兩三個不敬業的泥水匠，馬馬虎虎應付了事，卡瓦雍妓院的照片這下子無望登上《建築精選》雜誌了，真是讓後代子孫難過的一天啊。

我們逐漸認識到家裡幾乎永遠有客來訪是何等滋味，先遣部隊在復活節抵達，其他的早在十月底前便做好預訂。冬季訂下的邀約因時候尚早，我們當時不以為意，事後也記不清楚，這會兒紛紛前來，來住，來喝酒，來曬太陽。洗衣店的女孩從我們送洗的床單數推測我們是開旅館的，我們記起有前車之鑑的居民先前提出的警告。

結果，早來的訪客想必上課學過作客之道，他們租了車，這樣就不必依靠我們接送，白天他們自行出遊，晚上與我們共進晚餐。他們說好來住多久，日子到了果然離去。我們心想，要是所有的客人都像這樣，這個夏天會過得很愉快。

我們不久就發覺，最大的問題在於，我們的客人是來度假，我們卻不是。我們早上七點起床，他們往往睡到十點或十一點，有時剛吃完早餐，游個泳，就到了午餐時刻。我們在工作時，他們在做日光浴。他們睡了午覺後恢復精神，傍晚元氣充沛，談笑風生，我們卻邊吃沙拉邊打瞌睡。妻子生性好客，唯恐客人吃不飽，花很多時間在廚房忙活，餐後，我們洗碗至夜已深。

星期天就不同了。來家裡住的客人個個都要去週日市集，一早就起床。一星期當中有一天，我們和客人作息時間相同。我們開車前往索格河島河畔咖啡屋吃早餐，二十分鐘的車程中，他們睡眼惺忪，在後座打著盹，異常安靜。

我們在橋邊停好車，叫醒朋友。他們今天凌晨兩點才吵吵鬧鬧、心不甘情不願地上床睡覺，此刻宿醉猶存，明亮的陽光特別教他們難以承受。他們躲在太陽眼鏡後面，雙手合捧著大杯的牛奶咖啡。在吧台陰暗的那頭，有位警察悄悄灌著茴香酒。賣彩券的男人向逗留在他桌旁的人保證馬上中獎。兩個通宵開車的卡車司機，下巴鬍碴青青的，狼吞虎嚥吃著牛排和薯條當早餐，高喊著再來點酒。河水清新的氣息飄進敞開的大門，鴨子划著水，等著露天咖啡座的人拋來麵包屑。

我們動身前往大廣場，被兩批面色蒼黃、穿著緊身閃亮黑裙的吉普賽女郎夾攻，她們在兜售檸檬和長串的蒜頭，彼此發出噓聲，互搶生意。沿街雜沓擺滿了攤位，銀飾攤旁邊擺著一片片的鹽醃鱈魚、盛在木桶中油亮的橄欖、手編籃子、肉桂、番紅花、香草、一綑綑的瞿麥、一紙箱雜種幼犬、印著歌星像的紅色T恤、鮭紅色束腹和大尺碼的胸罩，還有粗製的鄉村麵包和深色肉凍。

有個膚色黑中帶藍的瘦高塞內加爾人，大步越過熱鬧的廣場，身上掛著西班牙製造的正宗非洲部落皮件和電子手錶。鼓聲咚咚。有個戴著平頂高帽的男人，旁邊帶著一隻紅衣的狗，他清清喉嚨，把手提擴音器的音量調成大到讓人受不了的地步。鼓聲又咚咚，「大特價！西斯特隆小羊肉！各色火腿香腸！牛肚！快去卡諾街克拉沙肉店！大特價！」他又調了調他的擴音器，翻了翻記事夾。這位是村裡的活動播音服務台，播音內容形形色色，從生日賀詞到本地電影院線片單，無所不包，還配上音樂效果。我想介紹他認識廣告人東尼，這兩位可切磋一下促銷技巧。

三個一臉滄桑的褐膚阿爾及利亞人站在陽光下閒聊，手上提著他們的午餐，是活雞，被他們頭下腳上地倒提著，看來一副聽天由命的樣子，彷彿知道自己死期已近。舉目所及，大夥都在吃東西，攤販擺出食品供人試吃，有小片的熱披薩、粉紅色的火腿、撒了香草摻了綠胡椒粒的香腸、加了堅果的小塊牛軋糖。這裡是節食者的地獄，我們的朋友問起午餐要吃什麼。

離午餐時間還早得很，我們得先去看看市集不賣吃的那一頭。這裡賣的是舊貨，從普羅旺斯各地閣樓搶救下來的五花八門玩意，在在述說著家族歷史。索格河島多年以來是骨董交易重鎮，車站旁邊有一大幢貨倉，裡頭有三、四十位商人設有固定攤位，那裡什麼東西都找得到，就是沒有便宜貨。然而晨光如此明媚，何必待在陰暗的貨倉中，我們就留在戶外，逛逛梧桐樹下的攤位，攤主把他們所謂的小古玩攤放在桌上、椅上乃至地上，要不就掛在樹上。

褪了色的黑白明信片和舊亞麻料子罩衫，跟刀叉餐具混在一起，還有破損的琺瑯材質瀉劑與整髮油廣告牌、火鉗、夜壺、裝飾藝術風格的胸針和咖啡館菸灰缸、泛黃的詩集，還有免不了得有的路易十四骨董椅，品相完好，只是少了一條腿。越近中午，價格就越低，大夥開始認真殺價。這是吾妻大展身手的時機，在殺價這件事上，她接近專業水準。她繞著一座不大的法國畫家德拉克拉瓦石膏胸像打轉好一會兒，賣方將標價減成七十五法郎，她趨前砍價。

「最便宜可以算多少？」她問攤主。

「夫人，我的最低價是一百法郎，但是現在賣不了這價錢了，眼看著就是午餐時分，算妳五十法郎。」

我們將德拉克拉瓦放在車裡，他在那兒隔著後座車窗凝視著外頭。我們加入全法國其他人的行列，準備享受餐桌上的歡樂時光。

在法國人的特質中，我們很喜歡甚至欣賞的一項就是，不管餐廳有多遠，他們都願意支持優秀的廚藝。食物品質之優劣比方便與否更重要，為了好好吃一頓，他們欣然開上一個多小時的車，一路噙著口水。這使得廚藝高明的廚師，即便把館子開在最不被看好的地點，照樣生意興隆。這一天，我們選的那家位置就很偏僻，我們頭一回光顧時，得帶上地圖才找得到。

必歐（Buoux）小到勉強算得上是個村子，距離奔牛村約十六公里，藏在山裡。村中有古老的村公所、現代的公用電話亭，還有十幾、二十間住宅散落其間。「魯布客棧」蓋在山邊，底下是空曠而美麗的山谷。冬季時，這地方可不好找，我們越走越荒涼，懷疑起地圖是否有誤。那一晚，只有我們這一桌客人，坐在熊熊爐火前，寒風吹得窗板咯咯作響。

五月這個炎熱的星期天與那陰冷的一夜相較之下，簡直像天差地遠。我們來到通往餐館的彎路，看見小小的停車場已客滿，一輛老舊雪鐵龍的保險槓上拴了三匹馬，佔據一半空間。餐館的貓趴在暖和的屋瓦上，虎視眈眈地看著隔鄰地的幾隻雞。桌椅沿著正面開敞的穀倉擺放，廚房裡傳來把冰塊舀進冰桶的聲音。

主廚莫里斯端著四杯桃子香檳出來，領著我們去看他最新的投資，那是舊式的敞篷馬車，木頭輪子，皮椅有裂縫，可容納六位乘客。莫里斯打算主辦乘馬車遊呂貝宏的活動，中途當然得停下來好好吃頓午餐。我們覺得這個構想妙不妙？我們會參加嗎？當然會。他給了我們一個開心中帶著靦腆的微笑，回去照管他的爐子。

莫里斯是無師自通，可是他無意於成為必歐村的波居斯，只希望生意維持得下去，讓他和他的馬兒能留在山谷中。其餐館成功的因素是價錢划得來，菜色簡單美味，沒有那些他稱之為「勢利眼」的花稍作風。

有定價一百一十法郎的套餐，星期天來打工的小姑娘端出一只籐編托盤，放在桌子中央。我們數了數，有十四樣開胃小菜——朝鮮薊心、裹麵糊油炸的小沙丁魚、香噴噴的洋香菜拌小麥沙拉、鹽漬鱈魚糊、醃蘑菇、小烏賊、普羅旺斯橄欖醬、小洋蔥泡新鮮番茄醬汁、芹菜拌山藜豆、櫻桃蘿蔔和小番茄、冷貽貝。滿滿都是菜的盤上，還擺了厚片肉醬和酸黃瓜、小碟的橄欖與冷甜椒。麵包外皮脆脆的，冰桶中冰鎮著一瓶白葡萄酒，陰涼處還有一瓶教皇新堡紅酒正在醒酒。

別桌都是法國人，來自附近村莊的人穿著整潔、樸實無華的週日外出服，有一兩對模樣稍世故的男女，穿著鮮豔的名牌服飾，衣著時髦，但與這裡環境格格不入。角落有一張大桌，一家三代同堂，面前的盤子堆疊如山，彼此互祝有個好胃口。當中有個小孩說，他覺得這裡的肉醬比家裡的好吃，還請祖母給他嚐一口酒。這孩子很有希望成為六歲大的老饕，這家人的狗兒耐心地等在孩子旁邊，所有的狗都知道小孩扔下來的食物比大人多。

主菜上桌了，加了蒜瓣烹調的粉紅色小羊肉、嫩菜豆和金黃的煎洋蔥馬鈴薯絲。紅酒倒進杯中，色深味濃烈，按莫里斯的說法，這是「有肩膀的酒」。我們取消下午原定的活動，抽籤決定誰可使用貝納的水上浮椅。

乳酪來自巴儂（Banon），包在葡萄葉裡，濕濕軟軟的。接著是一盤三樣風味和質地不同的甜點：檸檬雪酪、巧克力塔和英格蘭蛋奶醬，還有咖啡，一杯吉恭達斯（Gigondas）葡萄渣燒酒。一陣滿足的嘆息，我們的朋友問，世上還有什麼地方，可以讓人在如此輕鬆不拘束的環境下，好好吃上一頓美食？義大利吧，說不定，但其他地方就寥寥可數了。他們習慣於倫敦，習慣倫敦過度裝潢的餐廳、講求主題的菜色和可怕的價格。他們告訴我們，在倫敦梅菲爾區（Mayfair）吃一碗義大利麵，價錢比我們每人剛才吃的這一整套餐點還貴。在倫敦要吃得好又吃得便宜，怎麼那麼困難呢？我們幾人酒足飯飽，腦子靈光，得出的結論是，英國人上館子的次數低於法國人，所以每上一次館子除了要吃上一頓外，也想擺擺派頭；他們要裝在籐籃中上桌的葡萄酒、供人洗手的水碗，還有冗長如短篇小說的菜單，以及可以向他人說嘴的帳單。

莫里斯過來問他的菜做得合不合我們胃口，他坐下來在隨便的一張紙上算帳。「令人心痛的玩意來了。」他邊說邊把紙推過來。六百五十法郎出頭，兩個人在倫敦吃一頓體面的午餐約莫也是這價錢。我們的一位朋友問他，可曾想過搬遷至交通比較方便的地方，好比亞維儂，乃至梅納布村。他搖搖頭，「這裡很好，我想要的這裡都有。」他可以想見二十五年後，自己還在這兒燒菜，我們則希望自己身體還好，可以腳步蹣跚地來此享用美食。

回家的路上，我們注意到，美食加上週日對法國駕駛人有安撫的作用。他們吃得飽飽的，又適逢每週例休假日，他們整個人懶洋洋的，在危險彎道上超車的快感可誘惑不了他們。他們停下車來，呼吸新鮮空氣，到路邊的樹叢中小解，和大自然合為一體，一邊對路過的車輛友善地點頭打招呼。明天，他們會再穿上神風特攻隊飛行員的行頭，今天呢，是星期天，在普羅旺斯，享受人生吧。

夏天，熱浪兜頭襲來，

這樣的午後就該下水游泳，

躺在吊床上看一本不費腦筋的閒書。

時光在幸福的氣氛中流逝，陽光是美妙的鎮定劑，

活著是如此令人樂陶陶，其他什麼都不再重要，

日子慢而悠長，簡直靜止了。

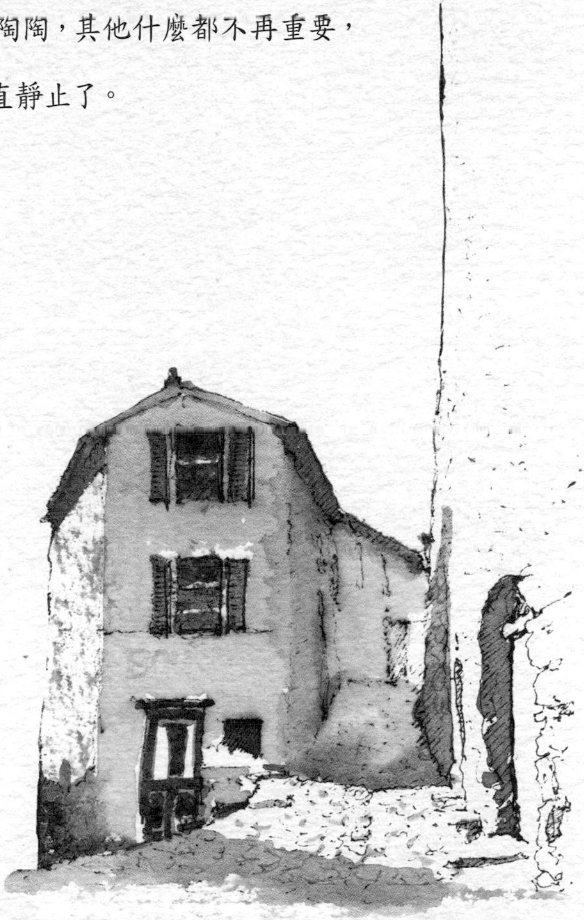

Provence.
El de Apt rodeado por típicos
tiene una historia de siglos
especialmente en verano. Bañado por la

La piscina
elemento
crucial para montar
una finca, y el
jardin también.
8.22.

六月
Juin

本地廣告業欣欣向榮，車子只要在市集附近停個五分鐘以上，就會成為到處巡視的普羅旺斯媒體主管的目標，他們沿車朝擋風玻璃飛撲，把文句誇大的小廣告傳單塞在雨刷下。我們每次回到車上，都會發現雨刷下飄動著各種訊息——什麼好事要來啦，不可錯過的機會啦，食品大特價啦，還有新奇的服務啦等扣人心弦的消息。

卡瓦雍將舉行手風琴比賽，中間穿插娛興節目，有「討人喜愛的俏佳麗脫衣表演（十二場）」。一家超市展開「豬肉行動」，保證豬身上一切想得到的部位都將以低到讓我們目瞪口呆的低價出售。有滾球比賽、國標舞會、自行車賽和狗展、有DJ放音樂的流動舞廳、煙火表演和管風琴演奏會。有位芙蘿麗安夫人能透視，會煉金，她對自己的超自然能力信心滿滿，保證每場降神會都包君滿意。有「上班小姐」——伊芙自稱秀色可餐，火辣約會來者不拘；柔絲小姐透過電話就能滿足我們一切遐想，她得意地宣告，這項服務在馬賽已遭禁。有一天，出現一張匆促寫就的告示，語氣絕望，要的不是我們的錢，而是我們的血。

髒掉的影印傳單述說一個小男孩的故事，他正等著去美國接受大手術，在住院前需要不斷輸血才能保命。「亟需大量鮮血。」傳單上說。明早八點在勾德（Gordes）村公所將設捐血中心。

我們八點半到達時，村公所已人滿為患。沿牆擺放了十二張床位，躺滿了人。從那一排朝上的腳丫來看，地方上各階層的人都來了，從他們穿的鞋便一目了然：穿涼鞋或西班牙式草編便鞋的是商店老闆，穿高跟鞋的是年輕女士，穿帆布短靴的是農夫，穿室內拖鞋的是他們的妻子。年長的婦女一手抓緊菜籃，另一手握拳再放鬆，好讓血液加速流進血袋，一邊還七嘴八舌地辯論誰的血顏色最深、最濃、最營養。

我們排隊等候驗血，排在我們前面的是一位矮胖的老先生，鼻子很紅，他戴著破舊的帽子，穿著背帶工裝褲，看著護士怎麼也刺不穿他拇指的硬皮，一臉莞爾。

「要不要我找個賣肉的來？」他問。她更使勁地再刺一次，「媽的。」一滴圓鼓鼓的血出現，護士俐落地滴進小試管，加上一些液體，用力搖晃。她的眼睛從試管往上抬，眼光帶著不以為然的神情。

「你是怎麼來的？」她問這老人。

他停止吸拇指，「騎單車，」他說，「從雷安貝（Les Imberts）一路騎來的。」

護士吸吸鼻子，「你居然沒跌下車，我可驚訝了。」她又打量著試管，「技術上來說，你醉了。」

「不可能，」老人說，「我早餐時按慣例，是喝了一點點紅酒，可是那不算什麼。況且，」他伸出染著血污的拇指在她面前晃了晃，「加一點酒精會讓血球更有營養。」

護士不為所動，請老人再去吃一頓早餐，這回請喝咖啡，接近中午時再回來。他慢吞吞地走了，嘴裡嘀嘀咕咕，舉著他那根有傷口的拇指，好像在拿著戰旗。

我們刺了手指，確認清醒，被帶到床位前。我們的血管連上血袋，我們乖乖地握緊、放鬆拳頭。廳內鬧烘烘的，但一片祥和，大夥平時在街上擦身而過，互不相識，這會兒突然感情融洽了起來，陌生人共襄盛舉，團結行善時，往往就會如此。不過，也說不定是室內另一頭的酒吧發揮了功效。

在英國，捐了一袋血以後會得到的報償是一杯茶和一塊餅乾，然而在這裡，我們一捐完血，就被帶至一張長桌前，有義工在那兒服務。我們要點什麼？咖啡、巧克力、牛角可頌、奶油布里歐麵包、火腿或大蒜香腸三明治、大杯的紅酒或粉紅酒？多吃點！多喝點！補充血球！肚子裡一定要有點東西！一位年輕的男護士努力想打開酒瓶塞，穿白袍的主管醫師祝我們胃口大開。要是把酒吧後越來越多的空酒瓶當成判斷的依據，這場捐血活動不論在醫療上和社交上，肯定都大獲成功。

事後，我們收到一本郵寄送來的《血球》，那是給捐血者看的官方雜誌。那天早上在勾德村募得成百上千公升的血，另一個引起我興趣的統計數字——那天喝掉多少公升的酒——卻遍尋不找，想來是醫師考慮周到。

我們的倫敦律師朋友長久浸潤於英式內斂保留的作風中，坐在卡瓦雍的「世紀末咖啡館」內，觀察他所謂「法國佬誇張賣弄之風」。這天是市集日，人行道上人潮洶湧，大夥你推我搡，一片混亂，慢吞吞前進。

「你看那裡，」他說，一輛車在馬路中間停下，駕駛人下車來擁抱一位熟人。「他們總愛粗手粗腳、互相傷害，看到了沒？男人吻男人，我說，簡直該死的有病嘛。」他對著他的啤酒哼了一聲，他凡事應守分寸的觀念被這越軌的行為觸怒了，對可敬的盎格魯薩克遜人士而言，此乃異端行徑。

普羅旺斯人喜歡作肢體接觸，我花了好一陣子才習慣。我跟在英國長大的般人一樣，深切遵守若干社交習性，我學會與人保持距離，以點頭代替握手為禮，親吻女性親戚適可為止，在公開場合表示親熱的對象僅限於狗。起初，普羅旺斯式的歡迎禮儀如鋪天蓋地而來，令我驚愕不已，那一套儀式就跟機場警衛搜身般徹底而周全。如今，我樂享其中，這套社交儀式微妙的細節和肢體語言更令我嘆服，肢體語言真是普羅旺斯人際往來的重要環節。

兩位兩手空空的男士相遇，起碼按照一般禮儀握個手；如果兩手都拿了東西，則會伸出一根小指頭握一握；要是手是濕的或髒的，就伸前臂或手肘。騎著單車或開著車，並不構成讓你免於握手為禮的理由，因此你會在繁忙的馬路上看到奇形怪狀，險象環生，好比一隻隻的手從車窗伸出或越過單車手把，找到對方的手，而雙方熟識的程度還只是最初級、最起碼的階段。再熟一點情感表現就必須更加外放。

正如我們的律師朋友注意到的，男人吻男人。他們緊捏對方的肩膀，拍拍對方的背，打對方的小腹一下，擰一擰對方的腮幫子。普羅旺斯人真心欣然見到你時，你可真有可能被對方捏得青一塊紫一塊。

女士呢，身體受傷的風險就比較小，但是外行人倘若算錯應有的親吻次數，可就犯了社交大忌。我初研此道時往往只親個一下，退後一步時卻發覺對方送來另一臉頰。有人告訴我，只有偽君子，還有那些生性冷漠的可憐人才只親一下。我這才看出應該是正確的步驟——親三下，左、右、左，所以我拿來試用於一位巴黎友人。又錯了。她告訴我，親三下是粗俗的普羅旺斯習俗，文明有禮的人親兩下就夠了。緊接下來一次，我見到鄰居太太，我親了她兩下。「不對，」她說，「三下。」

如今，我密切注意女士的頭部動作。如果親兩下後，頭部停止扭動，十之八九配額已盡。不過，我保持待命狀態，要是對方的頭又動了，便可送上第三個吻。

對吾妻而言，問題就不同了，但也同樣地傷腦筋。她是受禮的一方，必須估計自己應扭頭幾次，還是說，究竟需不需要扭。有天上午，她在街上聽見一聲大吼，轉頭一看，是水泥工拉蒙向她走來。他停步，雙手誇張地在褲子抹了又抹。吾妻以為這表示要握手，就伸出一手。拉蒙拂開她的手，熱烈地親了她三下。你永遠也猜不準。

見面禮結束後，開始談話。購物籃和大包小包的東西先擱下，把狗拴在咖啡館桌腳，腳踏車和工具靠在最近的牆邊。非這麼做不可，因為一定要騰出兩隻手，才能認真又痛快地暢談，雙手要畫逗點，結束懸宕的句子，加強語氣，或單純用來裝飾談話內容，由於談話只是動動嘴皮子，在普羅旺斯人看來，肢體動得還不夠，所以一定要用上雙手和始終富於表情的肩頭，來無聲地交換意見。說實在的，普羅旺斯人談話的要點，你不必聽到一個字，只要觀察表情和身體、雙手的動作，遠遠便看得出來。

有一個定義明確的詞彙，最早是跟我們的建築工人學會的，這詞彙從搖手做起。每談及時間或價錢時，他們就只用來表示拒絕，但是這手勢的彈性之大，簡直沒有極限，可形容你的健康狀況、你和丈母娘相處的情形、你的業務進展、你對一家餐廳的評價或你對甜瓜今年收成如何的預測。如果討論的事情不很重要，手隨便搖搖便可，同時輕蔑地抬抬眉毛。如果事情比較嚴肅，好比政治、某人的肝臟情況、本地自行車手在環法大賽中的勝算，手搖動的幅度就比較大。搖動的速度緩慢，搖手時上半身隨之輕微擺動，臉上因神情專注而蹙起眉頭。

警告和爭論時，用的是食指，操作方式有三種。食指直指對方鼻子，一動不動，意在提醒對方小心——注意，當心，事情並非如表面那樣。食指指著對方臉部下方，如激動的節拍器般左右劇烈擺動，表示對方剛才所言大錯特錯，且消息不靈通到可嘆的地步。接著，他會發表正確的意見，食指從左右搖晃變成向前戳刺，如果那沒見識的對方是男性，就直戳其人胸膛，若是女性，則識相地在對方胸前數公分便打住。

形容某人突然辭世時，需要用上雙手。左手的手指伸直，從腰部向上移，擊打從上往下移的右手手心——這是那個常用且極粗俗的二頭肌動作的節制版。（這動作在仲夏塞車時分表現得最淋漓盡致，發生爭端的車主下車，以便雙手有充裕的伸展空間，左手才可以使出上鉤拳，碰觸右手正使勁的二頭肌。）

談話將結束時，要答應對方一定保持聯絡。中間三指彎向手心，豎起拇指和小指，做出打電話的樣子，手舉至耳旁。最後，握手告別。大包小包、狗兒和腳踏車收回，然後上路不過五十公尺，所有步驟又重新再來一遍。也難怪有氧運動在普羅旺斯始終時興不起來，聊上十分鐘天，身體的運動量就足夠了。

鄰近鄉鎮凡此種種的日常生活樂趣，並沒有激起我們太多的探索和冒險精神，家門前已有那麼多消遣，我們就沒去注意普羅旺斯比較出名的一些事物——至少我們在倫敦的朋友是這麼說的。這些不出門便知天下事的安樂椅旅行家，帶著見聞廣博卻惱人的態度，不斷指點我們，我們距尼姆斯、阿爾和亞維儂那麼近，去卡瑪格（Camargue）看火鶴、到馬賽吃魚羹那麼方便。當我們坦承都只留在家附近時，他們似乎很驚訝且有點不以為然，不敢相信我們的理由竟是沒空去別的地方、從來就不覺得一定得去參觀教堂或尋訪名勝古蹟、不想當觀光客。

這作風已改不了，只有一個例外，只有一個地方我們百去不厭，我們倆都熱愛艾克斯。

我行經的山路彎彎曲曲如螺絲錐，窄得卡車無法通行，又百轉千迴，趕路者不宜。一路上除了一間農舍，養著一群髒兮兮的羊，就只有陡坡、曠野、灰岩和綠色的矮櫟樹，在分外明亮清澈的陽光照耀下，光影反差特別分明。山路向下，穿越呂貝宏山麓丘陵南側，跟著併入七號國道，加入這條國道每天都推出的業餘大賽車陣容。在等候空檔插入車流時，別去想有多少駕駛人在這條路上魂斷天涯，心裡會比較好受。

這條路到盡頭駛入艾克斯，這裡堪稱法國最好看的大馬路。米哈博大道一年四季皆美，春天到秋天尤其好看，梧桐樹華蓋成蔭，形成五百公尺長的綠色隧道。陽光自樹葉間灑落下來，大道中間排列了四座噴泉，馬路的比例恰到好處，遵循達文西的規範——「路面寬度與路旁屋宇高度相同」。空間、樹木和建築物的配置如此宜人，讓人幾乎沒留心到還有汽車。

多年下來，逐漸形成地理界限，將正經和遊憩活動分隔兩邊。路邊陰影中的那一側，盡是銀行、保險公司、房地產仲介和律師事務所等，倒也相稱；陽光下的另一側則是咖啡館。

我在法國光顧過的咖啡館，差不多每一家我都喜歡，就連小村子裡蒼蠅還比客人多的破爛小店，也不例外。但我特別喜愛林立在米哈博大道上的咖啡館，當中又最愛「雙侍者」（Deux Garçons）。幾代店主沒有隨便把錢投資於更新室內裝潢，在法國，咖啡館一旦重新裝潢，往往就出現到處是亂七八糟的塑膠品和拙劣的照明這樣的景象，這家咖啡館室內看來仍是五十年前的舊時樣。

天花板很高，被一百萬根香菸燻成了焦糖色。吧台是磨得發亮的黃銅，桌椅經過無數人的臀部和肘部摩挲，古色古香。侍者圍著圍裙，穿著平底鞋，但凡好侍者都該這麼穿。這裡陰暗涼爽，是給人想事情、靜靜喝一杯的地方。咖啡館還設有露天座位，好戲就在這兒上演。

艾克斯是大學城，課程中顯然有什麼吸引了漂亮女生。「雙侍者」的露天咖啡座上總坐滿了她們，按我的說法，她們到這裡是為了受教育，而非喝東西。她們是在修習咖啡館儀態學分，課程大綱分為四部分。

第一部分：抵達

一定要盡量引人注目，最好是坐在深紅色川崎七五〇機車後座來到，騎士是從頭到腳黑色皮衣皮靴的青年，三天沒刮鬍子。不可以站在人行道上揮別，目送他噗噗駛上大道，去找他的髮型師。只有從奧維涅（Auvergne）來的土里土氣小女孩才會這麼做，世故的大學生太忙了，沒空扮感性，她要集中心思進行下一步驟。

第二部分：進場

在認出某張桌子上坐有熟人前，太陽眼鏡不可取下。不過，切忌露出一副在找人的樣子，相反的，應該讓人以為你走進咖啡館，是為了打電話給某位有頭銜的義大利仰慕者，然後——哎呀，真沒想到——你見到一位朋友。這時可以摘下太陽眼鏡，一邊甩甩頭髮，一邊應朋友之請坐下。

第三部分：親吻儀式

必須親在座每一位至少兩次，通常三次，特殊情況時親四次。被親吻者坐著不動，讓新來的人彎腰俯身，沿桌一個個親過去，甩甩頭髮，妨礙到侍者做事，並讓大夥注意到她也在場。

第四部分：餐桌禮儀

就座後，太陽眼鏡應推至頭頂，好若無其事地觀察自己在咖啡館玻璃窗上的模樣——這倒也不是因為太自戀，而是檢查重要的技術細節，好比點菸、用吸管喝薄荷氣泡礦泉水的模樣，還有秀氣地小口小口咬著一塊方糖的姿態。一切都滿意的話，眼鏡可以向下調整，架在鼻尖上，樣子迷人。這時，可以給在座其他人注意力了。

這樣的表演從早上十點左右起上演到傍晚五、六點，我總是看得津津有味。在我想來，在熱烈從事這些社會研究之餘，肯定偶爾也會有空檔做學術工作吧。但是，我從未見到咖啡館的桌面上擺過一本教科書，也沒聽過有人在討論高等微積分或政治學。這些學生全副心力都貫注於表現儀態，米哈博大道從而更顯儀態萬千。

一天中大半光陰都花在一家接一家地泡咖啡館，並不會令人引以為苦。可是我們造訪艾克斯的次數並不很頻繁，所以上午會欣然抽空去做一些不能不做的事，好比，去義大利路跟一位先生取一瓶水果燒酒，到馬賽路向保羅先生買乳酪，看看精品店櫥窗裡有什麼新的荒唐玩意，這些精品店坐落於米哈博大道後面的窄街上，和一些歷史較悠久的商家機構毗鄰而居，擠擠挨挨。我們去花市湊熱鬧，再到小而美的阿貝塔廣場看個幾眼，那兒有鵝卵石地面和噴泉。我們一定會及時來到密斯特拉路，以免「顧氏餐館」已無空位。

艾克斯有更大、裝潢更美、餐點水準也更出色的餐廳，然而我們自從在一個雨天鑽進顧氏餐館後，就成了一再上門光顧的常客。老顧本人是掌櫃，他為人親切又多話，那把八字鬍之寬、之瀟灑、之濃密、之炫目，是我生平所見之最，總是在對抗地心引力和刮鬍刀，幾乎快觸及老顧的眉毛。他的兒子負責點菜，廚房由女士掌管，不見其人，只聞其聲，聲音令人敬畏——八成就是顧太太。顧客有本地商人、在附近Agnès B服飾店工作的女孩、拎著購物袋和臘腸犬的時髦婦女，偶爾還會有鬼鬼祟祟、一看就像在偷情的男女，放著他們的蒜味美乃滋不吃，在那兒喁喁細語。酒盛在陶罐中上桌，美味的三道菜套餐八十法郎，每天十二點不到就座無虛席。

按慣例，我們每次都打算迅速且簡便用餐就好，可是喝下第一罐的酒後，便又按慣例打消初衷，彼此安慰說今天放假，為自己的任性找理由。我們沒有什麼正事待辦，也沒排滿了約會，我們心知肚明周遭這些人都要回去上班，我們卻依然可以坐在這兒喝第二杯咖啡，考慮一下接下來要做什麼，這讓我們暗自竊喜，卻也有點慚愧。艾克斯還有很多可看的事物，然而酒足飯飽之餘，我們少了尋幽訪勝的興致，再說手裡的一袋乳酪倘若悶個一下午，回家的路上肯定臭氣沖天。艾克斯城外有個酒莊，我一直想去看看，再不，我們進城時注意到一個古怪的地方，像是中古世紀的垃圾場，散落著巨大的遺物和殘破的庭園雕像。我們在那兒肯定找得到一直在尋找的庭園石椅，搞不好人家還會付我們錢，請我們搬走哩。

「安唐材料場」坐落在七號國道邊，佔地有一座大墓園那麼寬闊。這個國家極力防範盜賊竊取財產，用鎖量在歐洲名列前茅，奇的是，這裡卻完全不設防：沒有圍牆，沒有恫嚇告示，沒有拴著鐵鍊的髒兮兮狼狗，也沒有標明業主名號的告示。我們停車時心想，做生意卻不安置明顯的設施保護商品，多麼信賴人哪。接著，我們明白過來，業主何以如此放心，疏於戒備；所有的展示品都不少於五噸。需有十個人外加液壓絞車才搬得動任何東西，還得有一輛車運走。

要是我們打算仿照凡爾賽宮，打造庭園的話，在這兒一個下午就可以買齊所有的東西了。想要一座由整塊大理石切成的大浴缸？角落裡有一個，放水孔裡已長出刺藤了。玄關想要台階？有三座，長度不同，舊石階曲線弧度優美，每一階都像一張餐桌那麼大。在那旁邊躺著巨蛇似的鐵欄杆，有的有雕成鳳梨形狀的巨大柱頭，有的沒有。有整座的陽台，加裝了怪獸形的滴水嘴。有足有精壯成人那般碩大的小天使像，活像得了腮腺炎似的嘟著嘴。有排成一長條將近兩公尺半的赤陶雙耳細頸瓶，個個像酒醉般東倒西歪。有水車、圓柱、柱頂過樑和柱腳。你想像得到的石製品，這裡應有盡有，就是沒有一張長椅。

「日安。」有位年輕人從比羅浮宮收藏原作還大的「勝利女神」像後頭走出來，問我們需要什麼。一張長椅嗎？他勾起食指，頂著鼻梁思考了一下，然後歉然地搖搖頭。長椅不是他專擅的項目，不過他倒有一座精美的十八世紀涼亭，鍛鐵的。還是說，庭園夠大的話，他可以帶我們看看一座仿羅馬風格凱旋門，高十公尺，寬可容兩輛古雙輪戰車並轡而過。他說，這可是很少見的物品。有一時半刻，我們真有點心動，想像老傅開著拖拉機，通過凱旋門，前往葡萄園，草帽上還圍著橄欖葉編成的頭冠，但是吾妻看得出，一時衝動買下兩百五十噸重的玩意，有多麼不切實際。我們向年輕人告辭，答應他說，如果我們買了城堡，一定會回來。

回家後，答錄機紅色小眼睛一眨一眨地在歡迎我們，這表示有人留言了，一共有三通。

頭一個法國人的聲音我認不出來是誰，他狐疑地自言自語，不肯相信自己是在跟機器講話。我們在答錄機中的留言請來電者留下電話號碼，以便我們回電，這可讓他脾氣發作了。既然我已經在跟你說話了，幹嘛還要我給你號碼？他呼吸沉重，等待答覆。你是誰？為什麼不回答？呼吸聲更沉重了，喂？喂？媽的，喂？設定的留話時間到了，他的抱怨聲戛然終止，我們從此沒再接到他的音訊。

第迪耶以輕快又講求效率的語氣通知我們，他和他的團隊準備恢復工作，攻擊我家樓下的兩個房間，一切正常的話，他們一定會來，不然就可能後天來。還有，我們想要幾條小狗？潘妮在古樂村（Goult）失身於一隻毛茸茸的陌生客，懷孕了。

然後是英國人的聲音，我們記得在倫敦見過他。那人看來挺討人喜歡，但我們跟他沒什麼交情。然而這一點將有所變化，因為他和妻子將來訪。他沒說是何時，也沒留電話號碼。說不定他們是那種周遊天下的英國人，有一天午餐前突然就翩翩來到。不過，我們這時已清靜了一個月，家中沒有什麼訪客，建築工人更少，我們樂意有客來訪。

他們在暮色中抵達，我們正坐在庭園中晚餐。泰德和蘇珊，滿懷的歉意，大聲述說他們對普羅旺斯的熱情。他們從未來過這裡，對我們家、我們的狗、我們，對一切都興致勃勃。見面才幾分鐘，他們便說了好幾次，一切都棒透了。他們如此興奮，毫不保留，讓別人也開懷起來。他們一搭一唱，配合得天衣無縫，我們既不需要也無法插上兩句。

「我們是不是來得不巧？我們就是這麼隨興，不好意思。」

「我們真的就是這麼隨興，你們一定很討厭這種不速之客吧。一杯葡萄酒啊，太好了。」

「親愛的，你看那游泳池，好漂亮是不是？」

「你們知不知道梅納布村的小郵局印了張小地圖，標明了你家在哪裡？他們稱呼你們，那家英國人，然後從櫃台底下拿出這張地圖。」

「我們已經到了一會兒，可是在村裡碰到一位好可愛的老先生……」

「……嗯，其實是碰到他的車子…」

「對，是他的車子，可是他好隨和，親愛的，是不是？而且也不真的是撞到，只是擦到。」

「所以，我們請他去咖啡館喝一杯……」

「喝了好幾杯，親愛的，對吧？」

「還有他幾位風趣的朋友。」
「總之，我們來啦。我得說，這裡真的好棒。」
「你們太好了，容忍我們就這樣闖上門來。」
他們停下來喝了一點酒，喘口氣，四下打量，不時發出讚嘆之聲。吾妻一向精於從細微處體察別人是否肚子餓，留意到泰德在看桌上我們尚未開動的晚餐。她問他們要不要跟我們一起用餐。
「只要真的沒給妳添麻煩就好，有一點麵包和乳酪，或者再來杯酒就可以了。」
泰德和蘇珊坐下，嘴裡還在嘰嘰呱呱說不停。我們拿出香腸、乳酪、沙拉和幾片冷的蔬菜蛋餅配熱的新鮮番茄醬汁。他們吃得如此歡天喜地，我不由得納悶起來，他們上一頓飯是多久以前吃的，還有，他們又打算何時何地再吃下一頓。
「你們下榻在這裡什麼地方？」
泰德給自己倒酒，嗯，其實並沒有訂房間——「我們就是這樣，真的就這樣」——不過他們想，找家小旅館就行了，乾淨、簡單，不要太遠，因為如果我們可以忍受的話，他們期盼白天時再來欣賞我們家。我們想必有不少小旅館可以推薦給他們吧。

有是有，但是現在已過了十點，在普羅旺斯是該上床的時間，這時可不宜去敲打關上的窗、鎖好的門，驚起旅館看門狗的注意。泰德和蘇珊最好在這兒過夜，早上再去找旅館。他們你看著我、我看著你，開始表演「感恩」雙重唱，直到他們的行李都已搬上樓。他們從客房窗口低聲說了最後一次晚安，我們上床時還聽見這兩人吱吱喳喳個不停。他們好像兩個興奮的孩子，我們想，留他們住幾天會滿好玩的。

剛過三點，狗吠聲吵醒了我們。客房裡的怪聲令牠們起疑，豎起腦袋聽著那聲音，呻吟聲加上沖水聲，想來是有人生病了。

別人有病痛時，我總是不知該怎麼反應比較好。我自己生病時，喜歡一個人靜靜的不受打擾。記得很久以前有位父執輩告訴過我。「乖孩子，別當著別人的面嘔吐，」他說，「沒人想知道你吃了什麼。」不過也有人生病時喜歡別人給他同情安慰。

怪聲一直沒停，我上樓去問有沒有什麼是我們可以幫上忙的。泰德愁眉苦臉地出現在門口，蘇珊吃壞了肚子，可憐的傢伙腸胃很敏感，加上太興奮了，這會兒別無他法，就只能順其自然，這時她又大聲呻吟了起來。我們回房。

剛過七點不久，一聲轟然巨響，是傾倒砂石的聲響。第迪耶如約前來，正拿著鋸短的大鎚和大鐵釘在活動筋骨，他的助手則拋擲一包包的水泥，並在踩躪水泥攪拌器，要它恢復轉動。我們的病患摸索著下了樓梯，因吵雜聲和明亮的陽光而緊鎖著眉頭，但堅稱自己可以吃早餐沒問題。她錯了，匆匆離席回到浴室。這是個完美的早晨，無風無雲，天色湛藍，我們卻花了一早上時間才找到肯出診的醫生，又得去藥房買栓劑。

接下來四五天，我們和藥劑師混熟了。倒楣的蘇珊和她的腸胃在作戰，大蒜使她膽汁分泌過多，本地牛奶害她腸子咕嚕亂叫，公認這裡的牛奶是比較奇怪。油、牛油、水、葡萄酒，她沒有一樣能吸收，在太陽底下待二十分鐘就曬出水泡。她對太陽過敏。

這也不是沒有的事，北方人的身體很難消受普羅旺斯的震撼，這裡一切事物都太純粹極致。氣溫走極端，最高溫超過三十七度，最低溫零下三十度。雨，要下就下得暴烈，沖走路基，高速公路不得不關閉。密斯脫拉風粗暴又無情，冬季嚴寒，夏季酷熱乾旱。食物風味濃烈粗獷，習於清淡食物的人無法招架。葡萄酒年份較輕，容易喝過量，易入口，但酒精含量有時高於年份較老的酒，而人們喝年份較老的酒時，卻比較小心。食物加上氣候都與英國大不相同，需要一段時間才能適應。普羅旺斯沒有溫和無刺激性的事物，別人也可能跟蘇珊一樣，被整得慘兮兮。她和泰德離開我們，去比較溫和的環境休養了。

他們的來訪讓我們明白了自己有多麼幸運，有山羊的體質，還有禁得起太陽曬的皮膚。我們的日常作息已改變，如今都待在戶外。只要三十秒就穿好衣服，早餐吃新鮮無花果和甜瓜，趕在上午十點多烈日灼身前，一大早就把家務瑣事都辦好。游泳池邊的石板熱得燙手，池水則冷得讓我們初下水仍不由得倒抽一口氣。我們不知不覺養成地中海居民睡午覺的好習慣。

穿襪子這件事已成久遠以前的回憶，我的手錶擱在抽屜不用，我發覺自己單憑庭園的陰影位置，多少就估計得出當時是幾點，不過我老是搞不清楚當天是幾月幾號，反正不重要。我逐漸變成一棵知足自得的蔬菜，偶然透過電話與遠方辦公室裡的人交談，藉此接觸現實生活。他們總是帶著豔羨的語氣問起天氣如何，聽到答案卻不怎麼開心。他們為了安慰自己，就警告我小心得皮膚癌，還說太陽曬多了會讓人腦筋變笨。我沒反唇相譏，他們講的八成沒錯。然而，不管我是變笨了，多添了皺紋，還是冒著罹癌的風險，我都從來沒有如此快樂過。泥水匠打著赤膊幹活，跟我們一樣樂享這天氣。他們對這股子炙熱做的最大讓步，就是稍微拉長午休時間，我們的狗兒可是分秒都在留意這事，牠們一聽見食品籃打開、杯盤刀叉取出的聲音，就沒命似的奔跑穿過庭園，在桌旁就位，可牠們對我們就不會這樣。牠們臉上帶著可憐兮兮的表情，耐心等待，目不轉睛注視工人一口口地吃東西。這一套把戲總是管用，餐畢，牠們偷偷摸摸回到迷迭香叢下的藏身處，兩邊腮幫子鼓鼓的，裡頭塞滿了乳酪或庫斯庫斯（couscous），據第迪耶聲稱，是不小心掉落地上的。

工程依進度進行，亦即，從泥水匠進駐開工那天算起，直到我們可以住進去，每個房間需時三個月。我們另外還指望著，孟尼古奇和他的暖氣機到了八月也可以就位。換作在他處，在天氣沒這麼完美的地方，凡此種種都會教人好生沮喪，在這裡卻不會。陽光是美妙的鎮定劑，時光在幸福的氣氛中流逝；活著是如此令人樂陶陶，其他什麼都不重要了，日子慢而悠長，簡直靜止了。我們聽說，這樣的天氣往往持續到十月底。我們還聽說，七、八月間，腦筋清楚的普羅旺斯居民會離開，轉往較安靜、較不擁擠的地方，好比巴黎。我們可不走。

七月
JUILLET

我的朋友在離聖脫沛（Saint-Tropez）數公里的拉瑪居（Ramatuelle）租了一間房子，我們想聚聚，卻都不甘願在這夏日交通尖峰季節開車，迎向那令人大動肝火的塞車場面。我們擲幣賭勝負，我輸了，答應午餐前就到他那裡。

我開了半小時車以後，發覺自己到了另一個國度，大多數居民住的是露營車。他們成群結隊、蜂擁而來，朝著海邊顛簸前進，車子裝了橘色和咖啡色窗簾，窗上貼著紀念先前遷徙紀錄的貼紙。他們成群在高速公路邊的停車區休息，車頂熱氣蒸騰。車主無視於身後就是空曠的鄉野，架起野餐桌椅，一覽無遺、就近欣賞來往的車流，輕易便可聞到柴油廢氣。我駛離高速公路，轉往聖美心（Sainte-Maxime），看到前方蜂擁著更多的露營車，圓鼓鼓一大坨，緩緩前行。我再不敢妄想提早吃午餐，最後五公里的車程，費了我一個半小時。歡迎來到蔚藍海岸。

這裡曾經很美，幾小塊稀有又昂貴的地區依然美麗。然而比起呂貝宏山區的寧靜與相對的空曠，這裡就像瘋人院，因為蓋了太多房子，過度擁擠加過度銷售，已大為減色。別墅開發計畫、牛排薯條、橡皮艇、用橄欖木做的正宗普羅旺斯風紀念品、披薩、滑水課、夜店、賽車場——到處都張貼著海報，要什麼有什麼。

靠蔚藍海岸維生的人，可以做生意的季節有限，他們急著在秋季來臨、再也沒有人要橡皮艇前從你身上賺錢，惡形惡狀一目了然，令人不快。侍者不耐煩地等著拿小費，店員緊跟在你身後，好催你快打定主意，接著又拒絕收受兩百法郎的鈔票，因為有太多假鈔了。空氣中彌漫著不懷好意又貪婪的氣味，如防曬油和大蒜般濃烈可聞。陌生的臉孔被自動歸類為觀光客，被人當成討厭鬼，以不友善的眼光打量，只是看在錢的份上不得不忍耐。根據地圖，這裡仍是普羅旺斯，但不是我熟悉的普羅旺斯。

朋友的房子坐落在拉瑪居村外的松林中，屋前有條長長的私有車道，與三公里外海岸邊那片瘋狂地帶完全隔絕。兩小時的車程，我開了四個多小時才到，他一點也不意外。他告訴我，想去聖脫沛吃晚飯，最好早上七點半就到，才肯定找得到停車位，開到海灘的路教人頹廢喪志，要及時趕到尼斯機場只有一個保證可靠的辦法——搭直升機。我當晚與露營車潮反向而行開回家時，一邊在想，蔚藍海岸究竟有什麼好，竟年復一年一到夏季便吸引那麼多人潮。馬賽到蒙地卡羅，路況如夢魘一般，海灘像鋪著人體織成的地毯，個個在那兒接受太陽的燒烤，環肥燕瘦，玉體橫陳，綿延數公里。說得自私一點，我挺高興他們想在那裡度假，而不來空曠的呂貝宏鄉間，和比較親切可人的鄉親相處。

當然，有些鄉親比較不那麼親切，我第二天早晨就遇見一位。馬索怒氣沖沖，在他家附近的小塊空地上踢草叢，惱火地猛咬他的八字鬍。

「看到了沒有？」他說，「那些混蛋，跟小偷似的夜裡來，一早走，弄得到處髒兮兮。」他指給我看兩個沙丁魚空罐頭和一只酒瓶，罪證確鑿，證明他的大敵——德國露營客已闖進國家公園內他的私人領域。這還不夠糟呢，這些露營客居然還蔑視他精心建造的防衛系統，搬開他堆的石頭，讓路障出現一個缺口，而且——可惡的小偷！——偷走了他警告有蛇的告示。

馬索脫掉他的叢林帽，搔了搔後腦勺光禿禿的部位，思忖著這樁天大的罪行。他看著他家的方向，先是站在小路的一側踮起腳尖看，然後又到另一側看，嘴裡嘟嘟囔囔。

「說不定管用，」他說，「不過我得砍些樹才行。」

他只要把他家和空地之間的小樹林清空，如果有車開上來，他就看得見車前大燈，可以從臥室窗口放幾槍警告來者。可是，話說回來，這些樹極為珍貴，為他一心想賣掉的房子增添魅力。目前雖尚未找到買主，但這是遲早的事，會有人看出買這屋子有多划得來。樹最好保留下來。馬索又思索起來，突然靈光一閃，說不定火藥陷阱是個辦法，好，這主意好。

我聽說過火藥陷阱，聽來非常可怕，是隱藏的捕獸陷阱，一經碰觸便會爆炸，有如小型地雷。我想到德國露營客血肉橫飛的場景，不免膽戰心驚，馬索卻顯然覺得很有意思。他繞著空地踱方步，盤算著他的地雷計畫，每走三、四公尺，嘴裡就說聲「砰」。

他當然只是在開玩笑，我說，不管怎麼樣，我想火藥陷阱是違法的。馬索不再發出砰砰聲，輕敲著他的鼻翼，一副狡詐、心懷鬼胎的樣子。

「說不定是這樣沒錯，」他說，「可是，並沒有法律禁止如此告示啊。」他咧嘴而笑，雙手高舉過頭，「砰！」

我心想，二十年前蔚藍海岸需要你的時候，你在哪裡呀？

或許是因為天氣太熱了，馬索才變得更加憤世嫉俗。早上十點左右，氣溫往往就在三十二度以上，將近中午時，天色由藍轉為熾熱的白。我們想也不想，便隨著氣溫調整作息，提早起床，利用天還涼爽的時候做費體力的事，從正午到下午五點左右，絕不做突發之事，絕不勤快幹活。我們學習狗兒，躲開陽光，找蔭涼的地方。地面龜裂，寸草不生，漫漫長日只聽見蟬鳴不已，薰衣草間蜜蜂嗡嗡叫，還有人躍身跳入泳池的聲音。

我每天早上六七點之間遛狗，牠們發現了新的運動，可比追兔子和松鼠更有收穫。一開始，牠們碰見一個亮藍色尼龍物體，以為是什麼大型動物，就隔著安全距離繞著它打轉，吠個不停，直到那玩意終於被吵醒，一張皺巴巴的臉從一端露出，過了一會兒，伸出一隻手，拿著餅乾要給狗兒。從那時起，牠們只要一看見樹林中有睡袋，就知道有東西可吃了。露營客一覺醒來，看見兩張毛茸茸的臉就在自己面前，心裡想必很不安，不過他們一旦平息震驚的心情，恢復過來，倒也和藹可親。

怪的是，馬索說對了一半，他們多半是德國人，卻不像他抱怨的那樣到處亂丟垃圾。這些德國人離去時不留痕跡，所有的東西都裝進巨大的背包，才像長了兩條腿的蝸牛一般拖著腳步離開，走向暑熱。我在呂貝宏山區住了短短時間，對此地果皮紙屑問題的了解是，最容易不守規矩的是法國人自己，可是沒有法國人會承認。他們一天到晚都把人生中大多數的問題，怪到管它哪國來的外國人頭上，夏天時牢騷尤其多。

據說，比利時人老愛把車開在馬路中間，眾所周知開車小心的法國人為避免擦撞，就被逼進溝裡，這就釀成車禍的主因。瑞士人和不露營的德國人呢，他們的罪名是霸佔旅館和餐廳，造成房價暴漲。至於英國人，欸，這英國人哪，他們的胃腸是有名的脆弱，對於排水設備和水電管線這些的，又特別計較。「他們有拉肚子的天分，」根據一位法國朋友觀察，「如果有哪個英國人還沒拉肚子，他一定是等著到別處去拉。」

凡此種種對各國人士的侮蔑之所以流傳甚廣，的確有一點點的事實依據。有一天，我就在卡瓦雍一家生意興隆的咖啡館，目睹一段插曲，肯定可以證實法國人對英國人胃腸敏感的看法不假。

有對夫婦帶著他們年幼的兒子在喝咖啡，那兒子表示要上廁所。做爸爸的從兩天前的《每日電訊報》上抬起眼皮來。

「妳最好先去看看可不可以上，」他對那孩子的媽媽說，「記不記得在加萊（Calais）是怎麼回事？」

做媽媽的嘆了一口氣，乖乖地走進咖啡館後方的陰暗處。她又出現時，腳步快得很，表情看來像剛吃到一顆檸檬。

「噁心死了，羅傑不可以去。」

羅傑立刻對那禁止前往的廁所大感興趣，想去一探究竟。

「我非得去不可，」他說，打出王牌，「是大號，我不上不行。」

「連個馬桶座也沒有，就只是個洞。」

「我不管，我一定要上。」

「你帶他去，」做媽媽的說，「我可不要再去。」

做爸爸的摺起報紙，站起來，牽住小羅傑的手。

「最好把報紙帶去。」做媽媽的說。

「我回來再看。」

「那裡沒有紙。」她小聲地說。

「哦，那我想辦法留下填字遊戲好了。」

過了幾分鐘，我正在考慮可否開口問問這位媽媽在加萊到底發生了何事，咖啡館後方突然傳來一聲大叫。

「噗！」

羅傑跑出來，後面跟著他面色如土的爸爸，手裡拿著僅存的報紙。羅傑提高嗓門述說他歷險的過程，咖啡館裡的人都停止交談。咖啡館老闆看了老闆娘一眼，聳聳肩。不過上個廁所而已，英國人就這麼大驚小怪。

讓羅傑和他的父母如此驚駭的設備，是「土耳其式廁所」，陶瓷淺盆中間有個洞，洞兩旁各有踏腳板。據說是土耳其衛生工程師設計的，宗旨是要造成最大的不便，可是法國人自己加以改良，加裝了高壓沖水設備，讓水沖得又快又急，使用者一不小心，雙腳便會被沖濕。有兩個方法可以避免腳濕，第一是在乾燥且安全的門邊拉沖水桿，不過這得手長且有特技演員那樣的平衡技巧才辦得到；第二個方法則是，根本不沖馬桶，不幸，這個方法應用較普遍。有些廁所還雪上加霜，裝了法國特有的省電裝置。電燈開關總是設在廁所門外，會在三十八秒後自動關燈，使如廁者陷入一片黑暗，這樣不但可節省寶貴的電力，還能防範有人賴著不走。

妙的是，如今仍在製造土耳其式廁所，最摩登的咖啡館後很可能仍有這一個恐怖的空間。但是當我向孟尼古奇先生提到這件事時，他卻挺身捍衛法國衛生製品，堅稱在另一方面法國有高級的洗手間，其精美、其完全符合人體工學，就連美國人也大為佩服。他建議我們商量商量我們家需要的兩套盥洗設備，他說他有好東西要給我們看，我們看了一定欣喜若狂。

他帶了一箱的型錄來，統統拿出來堆在庭園的餐桌上，一邊還發表有關垂直式或水平式排泄的玄妙高見。他說過，可選的樣式繁不勝數，設計和色彩都十分大膽而現代——一座座厚重如雕塑品，有深酒紅色的，也有亮杏黃色的；我們卻想要白色的簡單式樣。

「這不難。」他說。法國正歷經衛生設備的大革命，時下流行新的款式和色彩，傳統的白色不受設計師青睞。不過，他前不久看到一款，說不定正合我們的心意。他翻閱型錄，有了，應該就是——我們要的就是這個。

「瞧！高級名牌馬桶！」他把型錄推過來給我們看，圖上的馬桶儼若骨董花瓶般經打光照明、拍攝入鏡，是皮爾．卡登牌的。

「看到了沒有？」孟尼古奇說，「還有卡登簽名哦。」沒錯，就簽在馬桶頂端的安全地帶。除了有簽名外，這座馬桶盡善盡美，設計大方，看來就像馬桶，不會像巨型金魚缸。我們訂了兩座。

一星期後，孟尼古奇難過地打電話來說，卡登公司已不再生產我們要的馬桶了，慘劇啊，但是他會繼續研究。

又過了十天，他又來我家，這一回得意揚揚，走上屋前台階時，手裡高舉另一份型錄。

「一定要高級的！」他說，「一定要高級的！」

卡登容或離開了洗手間，但英勇的古瑞吉（Courrèges）取而代之，設計了非常相似的款式，而且在簽名這件事上表現出非凡的自制力，根本就沒簽。我們向孟尼古奇道賀，他為表示慶祝，就同意來杯可口可樂，舉起杯子。

「今天是馬桶，明天是中央暖氣。」他說。我們坐在攝氏三十二、三度的陽光下，聽他說明暖氣會有多暖，還把他的進攻計畫整個聽了一遍。牆壁要敲破，到處塵土飛揚，鑽了的噪音將掩蓋蜂鳴和蟋蟀叫聲。孟尼古奇說，只有一樣好處，家裡有好幾週都不會有客人。呃，是啊。

可是在這段情非得已、噪音震耳的隱居期來臨以前，我們尚有最後一位客人，這人笨手笨腳又容易惹禍，非常粗心又不宜家庭生活，老發生居家意外，因此我們特地請他在毀屋工程前光臨，這麼一來，他來訪時造成的破壞便可埋藏於八月的瓦礫之下。他叫班奈，是我相交十五年的好友，他欣然承認自己是全世界最差勁的客人。我們很喜歡他，但總是免不了提心吊膽。

預定抵達時間過了好幾小時，他從機場打電話來。我能不能去接他？他和租車公司出了一點小問題，他困在那裡來不了。

我在馬賽機場樓上的酒吧找到他，正舒舒服服喝著一瓶香檳，看著一本法國版的《花花公子》雜誌。他坐四望五之齡，身材修長，相貌堂堂，穿著高雅的灰白色亞麻料子外套和燒焦的長褲。「抱歉把你拖出來，」他說，「可是他們沒有車了，喝點香檳吧。」

他告訴我是怎麼回事，按慣例，主角既是班奈，再怎麼不可能的事，也肯定是真的。飛機準時抵點，他預訂好的敞篷車也為他準備好了。頂篷放下，午後天氣美好，班奈胸壑為之開朗，上高速公路前，先點了一根雪茄。風咻咻吹來，雪茄燃得特別快，班奈二十分鐘後就得扔了雪茄頭。他逐漸注意到別的駕駛人經過他的車旁時，都會向他揮揮手，他就也向對方揮揮手，心想，法國人怎麼變得這麼友善了。他上了高速公路一段路後，才發覺車後在燃燒，他扔掉的雪茄頭掉到坐墊上，起火了。他在路肩停車，自認相當急智地站在前座，朝火焰撒尿。就在這時，警察找到了他。

「他們親切得不得了，」他說，「不過他們認為我最好把車子開回機場，租車公司的人大發脾氣，不肯換車子給我。」

他喝完香檳，把帳單遞給我。他說，經過這一團忙亂風波，還沒來得及去兌換旅行支票。見到他，我很高興，他還是老樣子，風采迷人，卻笨手笨腳到無可救藥，衣著講究，手頭卻總是不大方便。從前我和妻子還有他都阮囊羞澀時，有一回參加晚宴，我們夫婦倆假冒他的女僕和隨從，三人事後還平分小費。和班奈在一起總是很開心，當晚我們一頓晚餐吃到凌晨。

有班奈這樣的客人，其後一週算得上平靜無事，他這人不但可以而且常常在看錶時把酒灑在身上，用晚餐時，第一道菜尚未吃完，潔白的褲子便已弄髒。他只弄壞一兩樣東西，有條浴巾掉進游泳池，有一次因意識到護照隨著衣服送到乾洗店而突然慌張起來，有幾次因以為自己吃下了黃蜂而憂心忡忡了一會兒，並沒有什麼真正的災禍。他離開時，我們依依不捨，希望他早日歸來，把我們在他床下找到的四杯沒喝完的蘋果白蘭地喝掉，並取下他留在帽架上做裝飾的內褲。

貝納告訴我們奔牛村有家古老的車站咖啡館，他形容說，那是家堅實、作風嚴謹的家族經營餐館，早在餐廳業逐漸崇尚時髦，家常小館開始賣薄片小鴨肉而不賣燉肉、牛肚前，這種餐館遍及法國各地，貝納說，快點去，因為老闆娘考慮退休了，去時要帶著大一點胃口。她喜歡看人把菜吃得盤底朝天。

奔牛車站已關閉四十多年了，門前的小路年久失修、坑坑疤疤。從外頭馬路上看過去，什麼也看不出來，沒有招牌，沒有菜單。我們經過這幢建築不知多少次，以為無人居住，卻不知樹後隱藏著停滿車子的停車場。

我們在一輛本地救護車和一輛破爛的泥水匠貨車之間找到車位，站在屋外一會兒，傾聽從敞開的窗裡傳來杯盤哐噹作響和嗡營的談話聲。餐廳距離車站五十公尺遠，四四方方，樸實無華，手寫的「車站咖啡館」幾個大字已經褪色，勉強尚可辨讀。

一輛雷諾廂型車開進停車場，兩個穿著背帶褲的男人下車，在連在外牆上的洗手台邊上，用水龍頭上方托架裡的黃色長條肥皂洗了手，因為手還濕著，就用手肘開了門。他們是熟客，直接走向掛在吧台盡頭吊鉤上的毛巾。他們尚未擦乾手，兩杯茴香酒和一瓶水便已送上。

餐室很大，通風良好，前廳暗，後廳日照明亮，透過後方的窗口看出去，是一片田野和葡萄園，綿延至薄霧朦朧的呂貝宏山。餐廳裡頭想必已有四十人在用餐，清一色是男士。中午才過幾分鐘，但是普羅旺斯人胃裡裝有時鐘，吃午餐是唯一必須準時辦理的事。正午吃飯，分秒不能遲。

每張桌上鋪了白紙，放了兩瓶沒貼酒標的葡萄酒，一瓶紅酒，一瓶粉紅酒，都購自隔著馬路、兩百公尺外的奔牛村合作社。沒有菜單，老闆娘每週一至週五做五頓飯，她做什麼，客人吃什麼。她的女兒給我們送來一籃有嚼勁的好吃麵包，問我們要不要喝水。不要嗎？那麼想要添酒時請告訴她。

大多數客人似乎彼此都認識。大夥隔桌嬉鬧開玩笑，有人指責一位體型龐大的男人在減肥，後者抬起頭，停止用餐，咆哮了好一會兒。我們看到我們的電工和為我們鋪石地板的布魯諾在角落裡同桌吃飯，又認出另外兩三張面孔，自從我們家裝修停工以來，就一直沒見到他們。他們都曬黑了，看來身體強健，神態輕鬆，彷彿才度假回來。有一位隔桌向我們打招呼。

「我們不在，府上很安靜吧？」

我們說，八月復工時，希望他們都會回來。

「在一般情況下，會的。」他搖了搖一隻手，我們明白那是什麼意思。

老闆娘的女兒送來第一道菜，解釋說今天天氣炎熱，所以準備的是輕食。她放下一只橢圓形盤子，盤上擺滿切片的香腸和風乾火腿，還有小酸黃瓜、黑橄欖和酸辣胡蘿蔔絲。另有一大厚片白色的牛油，可以抹在香腸片上吃。更多的麵包。

兩位穿著西裝外套的男士帶著一條狗進來，佔據最後一張空桌。老闆娘女兒說，謠傳兩人中較年長的那位曾擔任法國駐中東某國的大使，高貴人士來著。他坐在泥水匠、水電工和卡車司機之間，拿著小片的香腸餵他的狗。

盛在玻璃碗中的沙拉送來，萵苣生菜蘸著醬汁，油亮亮的；另外又有一只橢圓形盤子，裡面是拌了番茄醬汁的麵條，還有淋了深色洋蔥肉汁的豬裡脊片。我們設法想像，老闆娘不調理這些輕食的時候，冬季會給客人吃什麼，希望她會重新考慮退休的事。老闆娘此刻坐鎮吧台後方，她個子不高，體型勻稱，頭髮依然黑且濃密，看來像可以永遠做下去。

她的女兒清理桌面，將剩餘的紅酒倒入我們杯中，問也不問就又送來一瓶，附帶乳酪。早到的客人紛紛離座，準備回去工作，他們抹抹八字鬍，一邊問老闆娘，明天要做什麼給他們吃。她說，就好吃的東西囉。

我吃完乳酪，就再也吃不下了。妻子從來沒吃不下整套的全餐，則來了一片檸檬塔。室內開始彌漫著咖啡香和香菸味，陽光透過窗口照進來，將煙染成了藍色，在喝著小杯葡萄渣燒酒的三位男士的頭頂裊裊而上。我們點了咖啡，要求埋單，但是這裡不來帳單這一套，客人離開前到吧台付帳便是。

老闆娘告訴我們多少錢，餐費每人五十法郎，咖啡四法郎，酒錢包含在餐費內。怪不得這館子天天客滿。

她真的要退休了嗎？

她停止擦拭吧台。「我還是小姑娘時，」她說，「必須從下田和進廚房這兩樣活兒中選一樣，即便在那時，我就討厭下田，工作太辛苦又髒兮兮。」她低頭看看自己的雙手，保養得很好，而且看來出奇的年輕。「所以我就選擇進廚房，我嫁人後搬到這裡，已經煮了三十八年的菜，夠了。」

我們說太遺憾了，她聳聳肩。

「人是會變得越來越累的。」她說，她退休後打算搬到奧倫治，住在有陽台的公寓，坐著曬太陽。

兩點了，餐室空盪盪的，只剩一位皮膚粗礪、鬍碴斑白的老先生正拿著方糖浸蘋果白蘭地。我們謝謝老闆娘替我們做了這美味的午餐。

「這沒什麼。」她說。

室外熱浪兜頭襲來，回家的路像海市蜃樓。驕陽下，路旁景象像液體似的會流動，波光粼粼；葡萄葉垂下了頭，農家的狗靜默，鄉野昏然且荒漠。這樣的下午就該下水游泳，躺在吊床上看一本不費腦筋的閒書。這是難得既無工人亦無訪客的下午，時光似乎也變得遲緩了。

到了傍晚，我們的皮膚曬痛了，午餐也消化得差不多，可以為每星期的運動賽事做準備了。我們已接受朋友挑戰，他們跟我們一樣，越來越愛一種極其宜人的球戲，已經玩上了癮。我們將在滾球場上為梅納佈爭光。

很久以前，我們有一回來普羅旺斯度假時，在胡西翁（Roussillon）郵局下方的公共球場，看到老先生們一個下午一邊打球一邊爭論不休，好不樂哉，那時我們就購置了我們第一套滾球。我們帶著滾球回到英國，但是這種球戲並不適合潮濕的天氣，就只好任它們在車庫裡長蜘蛛網。我們搬來普羅旺斯時，頭一樣拆封的東西八成就是這套球。光滑又扎實有質感，握在手心中恰恰好。鋼質的球體沉重，表面閃亮有光澤，彼此碰撞時會發出「啾」的聲音，煞是好聽。

我們研究專家的球技，他們每天都在奔牛村教堂旁邊打球，這些人從六公尺外丟球便可擊中你的腳趾。我們看完，就回家練習他們的打法。我們注意到，真正的高手會屈膝而蹲，手指彎曲、手心向下地握球，這麼一來，球拋出時，手指的摩擦力會讓球旋轉。還有些次要的球風——每拋一球就嘟嘟囔囔，說些加油打氣的話，球落點太近或太遠時則聳肩或喃喃咒罵。我們不久便樣樣精通，就是沒有準頭。

基本發球法有兩種：滾地球和高飛球，後一種的用意是要把對手的球撞出場外。我們看到有些人發球真是精準，而我們再怎麼屈膝，再怎麼嘟囔，都得苦練多年，才有資格參加一場正經的球賽，就像奔牛村舉行的那一種。

說實在的，滾球是一項簡單的球戲，初學者從拋出第一球開始，便可樂在其中。首先，要把一顆小木球，亦即母球，拋至場中。每位球員各有三球可拋，鋼質球面上刻有不同花樣，藉以標明球歸何人所有。一局末了，誰的球離母球最近，誰就贏了。計分法有好幾種，而且各地區也有各自的地方規則和變化，只要小心規劃，規則會大大有利於地主隊。

這天晚上，我們在我家球場比賽，所以按呂貝宏的規則來賽球：

一：不一邊打球一邊飲酒者，取消參賽資格。
二：只要有利比賽進行，准許作弊。
三：有關誰的球距離母球最近，必須由爭論來決定，沒有人有最後裁決權。
四：比賽至天黑時終止，但是倘若勝負未明，則繼續摸黑比賽，直到用手電筒照明判斷勝負，或直到母球不見了。

我們大費周章，給球場製造騙人耳目的斜坡和淺坑，好阻撓客隊，也曾故意把球場地面弄得凹凸不平，這樣在迎戰球技較高明的球隊時，較有獲勝的機會。我們信心十足卻不張揚，我還佔有另一個優勢，茴香酒歸我管。只要跡象顯示客隊始終保持準頭，我就送上比較大杯的酒，個人經驗讓我明白，大杯酒對於瞄不瞄得準可是大有影響的。

對手隊中有一位從未玩過滾球的十六歲女孩，但是另外三位至少已練習了六週，不容我方掉以輕心。我們檢查球場時，他們數落球場地面不平，埋怨逐漸西沉的太陽光角度不對，並提出正式要求，禁止狗兒進入球場。為平人怨，老舊的石造滾筒上場，前後滾動地面。大家迎著微風伸出濕濕的手指，測試風速，比賽開始。

球賽有一種緩慢但獨特的節奏，一球拋出，大夥暫停，讓下一位打者上前察看，好決定是要高飛撞球，還是設法擲出低空滾地球，繞過其他的球，去輕觸母球。一邊思考，一邊喝口茴香酒，屈膝，拋球，球旋轉著在空中飛過，噗一聲落地，嘎喳嘎喳地滾動，停住。沒有一個動作是匆忙的，而且幾乎不會造成任何運動傷害。（只有班奈例外，他在其第一場也是最後一場球賽中，打破屋瓦，砸中自己的腳趾。）

陰謀詭計和小動作給缺乏戲劇場面的比賽增添樂趣，當晚的打者頻出花招，死皮賴臉。有人偷偷挪動球，假裝不小心踢到球。打者正預備拋球時，旁邊的人為使其人分心，批評對方姿勢不對，請對方喝更多茴香酒，指控對方踩到發球線，警告說狗要跑進球場了，謊稱看到蛇，並且竭盡所能提供差勁的建議。中場時，仍無明顯勝負，我們停下來欣賞夕陽。

房屋的西邊，夕陽正好落在兩座山峰之間的V形中央，形成自然對稱的奇觀，不到五分鐘，太陽便西沉，我們繼續在「暮光」中打球，這個詞的法文叫crépuscule，聽來好像皮膚不舒服，不怎麼像在指黃昏。越來越測量與母球的距離，爭端也越來越多。我們正打算不怎麼光榮地以抽籤來定勝負，那位首度玩滾球的女孩，把她的三球都打到母球附近，青春與果汁擊敗了犯規與酒精。

我們在庭園中用餐，赤足踏在被太陽曬暖的石板上，燭光閃爍，映著紅酒和曬黑的臉。朋友八月份要把他家的房子租給一家英國人，他們自己則要用這筆收入去巴黎一個月。他們說，到時巴黎人統統會南下來到普羅旺斯，另外還有不計其數的英國人、德國人、瑞士人和比利時人。道路將擠得水洩不通，市集和餐廳將人滿為患。安靜的村落會變得吵雜不堪，每個人毫無例外，脾氣都變壞。早就有人警告我們了。

我們的確早就聽到凡此種種的警告了，不過七月將過，情況遠比預料中好太多，我們敢肯定，八月應該也可以輕鬆度過。我們會拔掉電話插頭，躺在泳池邊，不管我們喜不喜歡，一邊都還得聽孟尼古奇大師用鑽子和吹焰管演奏協奏曲。

八月
AOÛT

「外頭盛傳，」孟尼古奇說，「碧姬．芭杜在胡西翁村買了房子。」他將手中的螺絲扳手靠在牆上，湊過來，這樣小伙子就肯定偷聽不到芭杜小姐的私人計畫。

「她打算搬離聖脫沛了，」孟尼古奇伸出食指，作勢要點上我的胸膛，「我可不怪她，你知不知道，」——手指點呀點的——「八月時，每一天，每一刻，都有五千人在海裡撒尿？」

他對這不衛生的恐怖行為大搖其頭，「有誰肯當一條魚呀？」

我們站在太陽下，對不幸住在聖脫沛的海中生物表示同情，小伙子則扛著鑄鐵散熱器，舉步維艱地爬上台階，他胸前像掛花環似地繞著紅銅管，身上那件耶魯大學運動衫被汗水浸濕，顏色變深。酷暑使然，孟尼古奇在衣著上做了很大的讓步，脫下了他常穿的厚燈芯絨長褲，換上跟他的帆布鞋搭配的褐色短褲。

這一天是大工程開工的日子，屋前的空地有如廢料場，中間有個使用多年、一片油膩的作業台，周遭堆積著我們家中央暖氣系統的各種零件，有一盒盒的黃銅接頭、活塞、焊槍、瓦斯桶、鋼鋸、散熱器、鑽頭、墊圈、扳手和一罐罐看似黑糖蜜的玩意。這還只是送來的第一批東西；水箱、燃料箱、鍋爐和爐頭尚未送來。

孟尼古奇領著我參觀零件，強調它們品質優良，「這些，可不是那種狗皮倒灶的爛貨。」然後指出有哪幾道牆即將穿孔，我這才徹底體認到未來數週家中會有多麼混亂又塵土飛揚，這會兒簡直巴不得去聖脫沛，和五十萬名已在那兒的失禁度假客一起共度八月算了。

一個週末不過短短幾天，就有數以百萬計遊客蜂擁從北方南下。據報導，高速公路波納（Beaune）路段塞車行列長達三十二公里，要是有人能不到一小時就通過里昂附近的隧道，算他走運。車輛和人的脾氣都過熱，拖吊車全年的生意就屬這個週末最旺。勞累和不耐煩導致車禍和死亡。

八月之始從來都是如此糟糕，四週之後，又有週末大遷徙，同樣的苦難又要反方向重演一遍。

入侵者多半不會經過我家門前，而直趨海岸。但也有成千上萬人會開進呂貝宏山區，改變了市集和村落的風貌，讓本地居民有酒後閒談的新話題。咖啡館常客發覺外國人佔了他們的老位子，只好站在吧台邊，為度假季節的種種不便悶悶不樂，好比麵包店賣光了麵包，家門前給人停了車，遊客大半夜的還不睡覺。本地人點頭嘆氣，承認遊客為地方上帶來收入，然而大夥也一致同意，這些八月客實在是很可笑的一群人。

你不可能認不出他們。他們穿著乾淨的鞋子，皮膚沒曬過太陽，帶著嶄新的菜籃，開著一塵不染的汽車。他們帶著觀光客特有的恍惚神情，在拉科斯特、梅納布和奔牛村的街道上晃蕩，盯著村民看，彷彿對方也是鄉村特色景點。每天傍晚，在梅納布村的城牆上，都有人大聲讚揚大自然之美，我特別欣賞一對英國老夫婦的評語，當時他們正在眺望山谷的風景。

「夕陽美極了。」她說。

「是啊，」她丈夫答道，「村子這麼小，相形之下更顯得動人了。」

就連老傅也有著假日的好心情。他在葡萄園的工作目前暫時告一段落，除了坐等葡萄成熟，別無他事可做，索性就對著我們演練有關英國人的笑話。

「是什麼東西，」有天早上他問我，「會在三小時內從死老鼠的顏色變成死龍蝦的顏色？」

他想著那好笑到不行的答案，拚命忍笑，肩頭不住抖動。

「是度假中的英國人，」他說，「您明白吧？」

他唯恐我未能完全抓住笑點，非常詳細地說明，眾所周知英國人皮膚白，稍一曬太陽便通紅。

「就連月光也能把他們曬紅。」他說，笑得渾身顫動。

老傅一大早愛開玩笑，到了傍晚卻神色肅穆。他聽到蔚藍海岸傳來的消息，加油添醋地對我們轉述。格拉斯附近發生了森林火災，出動消防飛機救災，這種飛機像鵜鶘般飛至海上，舀取一艙的水，再回陸地澆在火上。據老傅說，其中一架飛機竟然舀起一位泳客，丟到火上，就把這人燒焦了。

怪的是，《普羅旺斯報》並未提到這樁悲劇，我們問一位朋友有沒有聽說這事。他看著我們，搖搖頭。

「這是八月的老套了，」他說，「一有火災，就有人會造這種謠。去年的說法是，有個滑水客被舀起來，明年呢，搞不好是尼斯五星大飯店的門房。老傅是在逗你啦。」

很難判斷要相信哪方說法才好，八月時，什麼稀奇古怪的事都可能發生，因此當下榻在附近旅館的朋友告訴我們，他們半夜在房間裡看到老鷹時，我們一點也不驚訝。呃，也許並不真的是老鷹，但錯不了，肯定是老鷹的巨大影子。他們打電話給夜班的櫃台接待員，對方就上來他們的房間察看。

老鷹是否像是從房間角落的衣櫃那裡飛出來的？是的，我們的朋友說。哎呀，那人說，謎團解開了，那不是老鷹，是蝙蝠，以前就有人看過牠從衣櫥那邊飛出來，牠不會傷人的。我們的朋友說，牠或許是不會傷人，但是我們不想和蝙蝠同睡一室，我們想換個房間。不行，那人說，旅館客滿了。他們三人站在房中，商量捉蝙蝠的技巧。那位旅館工作人員有個主意，你們待在這裡別動，他說，等我回來解決問題。過了幾分鐘，他又來了，給了他們好大一罐殺蟲劑，祝他們晚安。

勾德村外有一戶人家開派對，我們應邀在其他客人光臨前，先和女主人的幾位朋友共進晚餐。我們對這一晚感到又喜又憂，喜的是受到邀請，卻對我們的法文能力很沒把握，就怕跟不上晚餐席間的話題。就我們所知，我們是席間僅有的英國人，但盼那些快速進行的普羅旺斯話鋒不會拆散我們倆。主人希望我們九點抵達，在我們看來這可真是城裡人的時間，我們一路上坡開車往勾德村時，肚子因等待過久，一直咕嚕咕嚕叫。屋後的停車位滿了，車子沿著馬路停到五十公尺以外，似乎每兩輛車就有一輛掛著代表巴黎的七五字頭車牌。和我們同時應邀的，可不是村裡的幾位朋友。我們開始覺得，早知道該穿正式一點的衣服。

我們走進去，發覺進入雜誌的世界，有《家居與庭園》的室內裝潢，賓客穿著打扮則有如《時尚》。草皮上和露台上都擺了餐桌，桌上點著蠟燭，五、六十位冷淡又無精打采的男女，穿一身的白，珠光寶氣的手裡端著香檳。用泛光燈照明的穀倉大門開敞，韋瓦第的音樂從門內飄過來。妻想回家換衣服，我為自己鞋面滿是灰塵感到不大自在，我們闖進一場社交晚宴了。

還來不及逃，女主人就看到了我們。她還是跟平時一樣，穿著襯衫和長褲，這一點好歹令我們安心了一點。

「有沒有找到停車位？」

她沒等我們作答，又說：

「路邊有溝，所以有點難停車。」

我們說，這裡感覺上很不像普羅旺斯，她聳聳肩，「八月囉。」她端了酒給我們，隨即就讓我們自個兒和帥哥美女周旋。

我們真像置身巴黎，沒有一張被太陽曬黑的滄桑臉孔，女士符合時尚標準，個個面無血色，男士經仔細地刮鬍修面，面容光滑。沒有人在喝茴香酒，按照普羅旺斯的標準，大夥談話聲音之低，好像在耳語呢喃。我們看待事物的觀感肯定已經改變，從前，我們對此習以為常，如今卻覺得這樣的氛圍太壓制、太整潔，依稀給人不大舒服的感覺。有件事千真萬確，我們已變成鄉巴佬了。

我們靠向舉目所及打扮最不時髦的那對男女，他們帶著一條狗，離群而立。兩人一狗都很友善，我們一同在露台上一張桌子旁坐下。那位先生個子不高，長相精明，看似諾曼第人。他告訴我們，二十年前，他以三千法郎在村子裡買了一間屋子，從此以後每年夏天都南下來此，每隔五、六年就換屋。他剛聽說，他最早買的那間房屋又在求售，如今經過過度整修和裝潢，要價一百萬法郎。「簡直神經病，」他說，「可是那些巴黎人……」——他朝著其他客人點點頭——「他們八月時想跟朋友在一起，於是一個人買，大家就都買，他們付的是巴黎價碼。」

大夥從自助餐台取菜，拿著酒瓶，紛紛就座，女士的高跟鞋陷入露台上的碎石地，還有人不失優雅地尖聲讚嘆說，餐桌的佈置真是樸拙自然——貨真價實的野餐哦——不過，只比好萊塢比佛利山的庭園或倫敦的肯辛頓要樸拙一點點而已。

突然颳起密斯脫拉風，真是太不方便，桌上還有好多蝦仁沙拉還沒動過哩。萵苣葉和麵包屑從盤中飛起，在雪白的酥胸和絲質的長褲之間飛舞，偶爾正中襯衫前襟。桌布吹起，鼓脹翻騰如船帆，掀翻了蠟燭和酒杯。細心梳理的髮型吹亂了，沉著自若的舉止也變了樣，這也太「野」了吧。大夥匆忙退至室內，在庇蔭下重開晚宴。

更多人抵達，穀倉內的韋瓦第樂聲停止，取而代之的是幾秒鐘電子設備的嘶嘶聲，然後傳出有個男人未經麻醉就接受心臟手術的慘叫聲：小理查（Little Richard）正邀請大夥下場跳舞呢。

我們很好奇，這音樂會對這些高雅的貴婦紳士產生什麼效果。我可以想像他們配合高尚的音樂節奏頷首，也可以想像他們互擁跳貼面舞，法國人只要聽到抒情老歌，就會這樣跳舞。可是這個——這是要跳得汗流浹背，不斷叫囂的叢林之舞，啊砰啊砰啊砰砰砰！我們爬上台階到穀倉，看看他們怎麼跳。

五彩燈光配合鼓點，閃爍明滅，從牆上的鏡面反射回來。有個年輕人站在雙唱盤後頭，駝著背，被自己的菸薰得眼睛半開半閉，手指撥弄著ＤＪ台的旋鈕，把低頻音和音量放得更大。

「莫麗小姐妳好讚！」小理查在吶喊。那年輕人欣喜得一陣痙攣，擠出更高的分貝。「跳舞作樂吧！」

穀倉動了起來，巴黎人跟著動了起來，手舞足蹈，乳波臀浪四處翻飛，個個咬牙轉眼，向空揮拳，珠寶首飾飛了出去，鈕釦繃脫，優雅的表相滾一邊去，人人肢體扭動、抽搐，都豁出去了。

大多數人都不管舞伴，與自己的鏡像共舞，即便忘形狂舞，一眼還盯著鏡子。空氣中彌漫著灑了香水的肉體溫暖的氣味，整個穀倉以同一節奏在律動，蒸騰狂亂，穿越人潮時，要嘛被橫伸過來的手肘打了一拐子，要不就是被旋舞飛來的項鍊抽個正著。

這些人，就是早先頗為莊重自持的那些人嗎？這些人原本都是一副「所謂狂歡作樂就是多喝一杯香檳」的模樣哩。他們亂竄亂跳，活像吸了安非他命的青少年，而且似乎打算一晚上都這樣。我們退避三舍，離開不停蠕動的人群繼續狂歡。我們明天還得早起，要去看山羊賽跑。

我們最早是一週前看到貼在香菸書報店窗上的海報，奔牛村的街上將舉行山羊大賽跑，起點為西撒咖啡館，海報上列出參賽的十頭羊和騎士的大名。海報上說，有好多獎項，歡迎下注，而且會有大管弦樂隊在現場助興。這顯然會是一場運動盛事，奔牛村可和英國馬術錦標賽比美的大賽。我們提早到達，以便佔個好位置。

才將近九點，天氣就熱得戴不住手錶，西撒咖啡館前的露天咖啡座座無虛席，大夥邊吃烤夾餡三明治當早餐邊喝冰啤酒。通往伏爾泰路的台階旁，有位體型龐大的婦女佔據了牆邊桌位，頭頂上方是印著果汁廣告的大型遮陽傘。她滿面笑容地看著我們，翻了翻下注單簿子，晃了晃裝著現金的錢箱。她是正式的組頭，不過咖啡館後面還有個男的接受場外下注。她邀我們試試運氣，「先看清楚再下注，」她說，「羊選手就在外面。」

我們知道羊就在附近，我們聞得到牠們和羊屎味，這兩股氣味被陽光一烤，更形濃烈。我們往牆外看去，羊選手以瘋狂的灰白眼睛回望，嘴裡緩緩咀嚼著賽前點心，下巴長著稀疏的鬍子。要不是頭上戴著藍白相間的騎師帽，身上還穿著與選手名單相合的號碼背心，牠們看來真有點像威嚴的滿清官吏。我們分得清「比秋」啦、「花草茶」啦等所有選手的名號，可是光這樣還不夠，我們必須取得內線情報，好歹需要一些提點，才能判斷各選手的速度和耐力。我們請教隔鄰一位靠在牆上的老先生，相信他跟所有的法國人一樣，也是專家。

「這個要看牠們的糞便，」他說，「哪頭羊賽前拉的屎越多，贏面就越大。腸子空空的羊跑得比一肚子糞便的羊快。這很合乎邏輯。」我們觀察了幾分鐘，六號多多歐拉得可真多。「好了，」我們的情報販子說，「現在得打量騎師，找體格強壯的。」

大多數騎師這會兒都在咖啡館裡補充給養，他們一如羊選手，也標明了號碼，戴著騎師帽，我們得以找出六號騎師，是一位肌肉結實、看來頗有勝算的男子，他正喝著啤酒，養精蓄銳。他和剛排空腸胃的多多歇看來是勝利組合，我們過去下注。

「不行。」

組頭夫人解釋說，我們必須依序列出前三名，這可打壞了我們的盤算。我們怎能一方面觀察騎師，另一方面還得留心每頭羊的排泄量呢？原本十拿九穩，這下子希望渺茫了，不過我們仍認定六號會贏，唯一的女騎師第二名，還有一頭名叫揑揑特的羊第三名，揑揑特蹄後方的距毛修過，表示跑得快。事情辦好了，我們至咖啡館外頭的小廣場，和大夥一起看比賽。

海報上應許的大管弦樂隊結果是艾普特來的一輛廂型車，後方附有音響，這會兒正在播放「桑尼和雪兒」（Sonny and Cher）的〈我有你，寶貝〉。有位苗條修長又時髦的巴黎女子，我們認出也是昨晚的客人，她那雙穿著白鞋的纖巧玉足，開始隨著音樂打拍子。有個沒刮鬍、大腹便便的男人，手上拿著茴香酒，邀她共舞，扭動著他的大屁股想引誘她。巴黎女子瞪了他一眼，那一眼足可讓牛油變臭，然後就突然很專心地在她的名牌包包裡頭找著什麼。桑尼和雪兒唱完，輪到艾瑞莎・富蘭克林（Aretha Franklin），孩子們在羊屎之間玩跳房子。小廣場人山人海，終點線準備好了，我們擠在一個舉著攝錄影機的德國人和那位大肚男之間看比賽。

小廣場上拉起一條繩子，離地面約兩公尺半，繩上按等距間隔綁著標著一到十號碼的灌水大氣球。我們的大肚男鄰居說明規則，每位騎師都佩有鋒利的木棍，這根棍子有兩個作用，一是要用來督促不肯跑的羊，二是要在抵達終點時拿來刺破氣球，這樣才算跑完比賽。他說，顯然，騎師會淋得一身濕，滑稽得很。

騎師們紛紛走出咖啡館，神氣活現地穿過人群去領羊。我們看好的六號騎師拿出他的隨身小刀，把木棍的兩端削得更尖一點，依我看，這是個好兆頭。另有一位騎師立即對主辦單位發起牢騷，不知從哪條窄街鑽出來的一輛汽車，打斷了雙方的爭執。一位少婦下車，手上拿著地圖，看來極度茫然。她問怎麼才能開上高速公路。

通往高速公路的路，不巧被十頭羊、兩百名觀眾和一輛廂型車堵住了。少婦說，不管，我就要走那條路。她上車，慢慢向前移動。

大夥驚愕不已，一陣譁然，主辦單位人員和幾位騎師將那車子團團圍住，拍打著車頂，揮舞木棍，搶救山羊和兒童，以免被簡直沒在動的車輪壓死。旁觀者擠向前，想看看到底是怎麼了。陷在人群中的車子不得不停下，少婦坐在車裡，惱怒地緊抿著嘴，直視前方。退後！工作人員喊道，一邊指著那車子來的方向，並且揮手要群眾讓路。車子發出刺耳的換檔噪音，倒車，在鼓掌聲中怒氣沖沖、忿忿不平地往街另一頭開去。

參賽者奉命在起跑線集合，騎師查山羊頸上的繩子是否已綁緊。羊選手呢，對周遭的這一片熱鬧景象無動於衷。六號羊想吃七號的背心，我們冷門羊九號捏特，堅持要臉朝後而立，騎師抓住牠的角，硬把牠轉過來，兩膝緊緊夾著牠，好教牠對著正確的方向。牠頭上的騎師帽被擠歪了，遮住一眼，讓牠看來有點既放蕩又瘋狂的調調，我們納悶下注在牠身上，到底明不明智。我們指望牠拿下第三名，可是牠這會兒視力受損，又沒有方向感，我們機會渺茫了。

選手就位等待起跑，這些山羊經過連週甚至連月的訓練，等的就是這一刻。角對角，背心對背心，就等著起跑信號。一位騎師大聲打了一個嗝，牠們開跑了。

不到五十公尺就清楚看出，這些山羊並非天生的運動員，不然，牠們就是誤解了比賽的宗旨。兩頭羊跑了幾公尺便煞車，騎師只得拉著牠們走。另有一頭想起牠半小時前就該做的事，到了第一個轉彎處就停下來解放一番。捏捏特大概是因為帽子半遮了眼，衝過了頭，把騎師甩進了人群中。其他選手在各種方法的激勵刺激下，零零散散地跑上坡。

「把牠們踢個屁滾尿流啊！」

我們的大肚皮朋友嚷道。

巴黎女子早已被擠到我們身旁，身子向後一縮。這下子大肚男大受鼓舞，更樂於向她提供本地資訊。「知道嗎？」他說，「跑最後一名的會被吃掉，烤全羊，真的哦。」巴黎女子把頂在頭上的太陽眼鏡往下一拉，戴好。她的臉色不大好看。

跑道繞過村子高處的圓環，然後下坡經過老噴泉，那裡被改裝水上障礙，水池邊堆放大綑的乾草，草堆間拉了塑膠布。羊選手必須涉水或游泳而過，然後朝著咖啡館外面的氣球終點線做最後衝刺——這真是對協調力和精力的嚴苛考驗。

比賽實況由中線的觀眾大聲報導，逐漸向下傳告，消息傳來我們耳邊，一號和六號在爭奪領先地位。只有九頭羊過了中線，有一頭失蹤了。

「搞不好喉嚨給割斷了。」

大肚男對巴黎女子說，她下定決心，擠過人群，到終點線附近去找沒那麼惹人厭的同伴。

噴泉那裡傳來噗通一聲，還有一個女人扯著嗓門叫罵的聲音。水上障礙的第一個受害者出現了，是一個小女孩，她錯估水深，這會兒渾身濕透地站在及腰的水裡，又驚又悲地放聲大哭。

「羊來了！」

小女孩的母親生怕女兒被羊群踩成肉泥，不顧一切地把裙子一撩就跳進水中。

「真是雙美腿！」

大肚男說，一邊親吻自己的指尖。

蹄聲雜沓，領先的羊選手來到噴泉邊，滑進乾草堆，不怎麼有興趣把自己弄濕。騎師們咕咕噥噥，又哄又拉，總算把羊搬下水，再從另一頭出池子，前往終點。騎師腳上的布鞋濕透了，踩在瀝青路上嘰喳有聲，手中的木棍儼如長矛。賽況保持中場時的情勢，一號和六號，亦即蒂婷妮和多多歐衝向終點的氣球。

一號反手用力一擊，刺破了氣球，淋到巴黎女子，她俐落地往後退，一腳踩進一堆羊屎。六號呢，賽前才把木棍削得尖尖的，卻好不容易趕在其他選手到達終點線前，總算把氣球刺破了。一組接一組，每組選手都濕答答地踉蹌抵達，只有一只鼓脹的水球還孤零零地掛著，倔強的九號捍捍特沒有完成比賽。「屠夫會逮著牠。」大肚男說。

我們走回車上時看到牠，掙脫了繩子，逃出騎師掌握，高踞在街道上方一座有圍牆的小庭園裡，帽子掛在一角上，正吃著天竺葵。

「早安，泥水匠。」

「早安，水電工。」

施工團隊開到，又是喧鬧炎熱的一天，隊員互相握手致意，好像是頭一次碰面似的，行禮如儀，以職業而不以名字稱呼對方。建築師克里斯欽與他們合作多年，卻從未直稱其名，永遠既莊重又複雜地把他們的姓和職業連在一起稱呼，於是乎就有了水電工──孟尼古奇、泥水匠──安德雷和瓷磚匠──楚斐利，偶爾有名稱聽來又長又有氣派，像是貴族的名號，好比鋪地毯的尚皮耶，他的正式稱號為「地毯師傅賈亞德──波殊爾」（Gaillard-Poseur de Moquette）。

他們集合在孟尼古奇為安置中央暖氣管而鑽好的一個洞旁邊，商量施工日期和進度，個個神情嚴肅，一副奉守時為圭臬的模樣。務必嚴守工作次序：孟尼古奇先裝好管子，泥水匠接著進駐，修補洞口，隨後是電匠、水泥工、瓷磚工、木匠和油漆匠。由於他們都是善良守規矩的普羅旺斯人，所以根本別妄想他們會如期完工，不過倒是可以玩玩日期猜猜看遊戲，娛樂一下。

孟尼古奇身為關鍵人物，地位顯著，這下子可樂了。他的進度將左右其他人的時間表。

「你們會看到，」他說，「我不得不把牆壁挖成一個洞又一個洞，像乳酪似的。泥水匠，你怎麼說？半天工夫就修補得好嗎？」

「說不定一天能好，」第迪耶說，「可是什麼時候呢？」

「別催我，」孟尼古奇說，「我當水電工十幾年了，很清楚安裝中央暖氣可急不得，這工程需要非常非常小心地處理。」

「聖誕節囉？」第迪耶問。

孟尼古奇看著他，大搖其頭。

「你是在開玩笑，不過，想想看冬天吧。」

他為我們示範冬天的景象，做出往肩上披大衣的模樣。

「零下十度，」他打起哆嗦，把帽子往下拉，蓋住耳朵。「突如其來，水管破了！為什麼？因為當初鋪管時急就章，做得不仔細。」他看著他的觀眾，讓他們充分體會嚴冬漏水的可怕景象。「到時，看誰笑得出來？啊？還有誰敢笑話水電工？」

當然不會是我。到目前為止，裝中央暖氣這件事就好像一場惡夢，幸好我們白天可待在戶外，不然真的受不了。之前的工程至少都局限於屋子裡某一部分，這樁工程卻無所不在。孟尼古奇和他如章魚八爪般的銅管讓人躲都躲不掉，他每天行經之處留下灰塵、瓦礫和扭曲變形的碎管子，好像鐵齒白蟻蛀下的痕跡。而最糟糕的恐怕要算，我們沒有一點隱私。我們要嘛在浴室裡發現拿著吹焰管的小伙子，要不就在客廳裡撞見孟尼古奇的臀部探出牆洞。游泳池是唯一的避難所，即便在那兒，也得完全潛入水裡，才能藉著水來隔絕鑽子和鐵鎚製造的刺耳噪音。我們有時會想，朋友說得沒錯，我們八月應該到別處去，不然，躲進冷凍庫算了。

到了晚上，我們就鬆了一口氣。在聽了一整天的哐啷哐啷後，我們往往待在家裡，休養生息，因此為了呂貝宏山區夏季遊客舉辦的社交和文化活動，我們大多數都錯過了。有一次，我們去塞南克修道院，坐在理當不舒服的修道院長凳上聽葛利果聖歌，坐得屁股都麻了；另有一次去歐沛德，聽了在山頂古堡廢墟舉辦的夜光音樂會。此外，我們就守著自家的庭園，能夠安靜獨處，於願已足。

有一天晚上，我們發現原本準備拿來做晚餐的東西，在一天的鑽孔作業後，已蒙上厚厚一層灰土，迫於飢餓，只得出門，決定去古樂村一家樸實的館子，古樂是個人口稀少的小村子，沒有任何足以吸引觀光客的景點。在那館子用餐有如在自家吃飯，只是更乾淨。我們拍去衣服上的灰，留下狗看守牆上的洞。

這一天又悶又熱，小村有股瀝青路面被烤焦的灼熱氣味，混合著迷迭香逐漸被曬乾的味道和暖洋洋的碎石子味。還有很多人，我們偏偏選中村慶日之夜來到小村。

我們早該知道的，因為每個村莊在八月都會舉行形態不一的慶祝活動，有的辦滾球賽，有的舉行驢子賽跑、烤肉大會或趕集，梧桐樹上張燈結綵，空地上架起木板跳舞場，吉普賽人、手風琴樂師、紀念品商人和搖滾樂團紛紛前來，他們最遠來自亞維儂。場面熱鬧吵嚷，歡樂處處——除非你跟我們一樣，整天待在建築工地，已有點輕微的腦震盪了。可是既來之則安之，何況我們腦袋中已盤算好要點什麼菜。比起拌了熱貽貝和培根的沙拉、薑汁雞肉和主廚拿手的美味巧克力蛋糕，多幾個人又有什麼關係？

在一年中其他月份，要是在小村街道上看到超過十二個人，就表示有特別的事，說不定是有葬禮，還是咖啡館幾公尺外、兩家毗連的肉店削價競爭。不過，這一晚非同小可，古樂村做主人，歡迎全世界的人來訪，而全世界的人顯然跟我們一樣飢餓。餐館客滿，館子外的露天座位座無虛席，男男女女躲在樹蔭下，等候桌位空出。服務員手忙腳亂，老闆派屈克看來一副疲倦卻滿足的樣子，他這會兒正在挖金礦。

「兩位應該先打個電話過來的，」他說，「十點再來，到時我再看看有什麼可以吃的。」

就連裝得下全村人口的咖啡館也只剩站位，我們端著酒杯走到對面，那兒的廣場上擺滿了攤子。這廣場中央有座紀念碑，紀念在戰爭中為法國而光榮捐軀的村民。一如我們看過的大多數戰爭紀念碑，這一座也維持良好，周遭圍著三面嶄新的紅藍白法國國旗，在灰石襯托下，格外鮮明。

廣場周圍的住宅門窗洞開，住民探頭探腦，俯視底下緩慢流動又混亂的景象，把螢幕閃爍的電視忘在身後。此情此景像市集的成分比較大，有本地藝匠展售木雕和陶器，有釀酒人和養蜂人，還有幾位骨董商與畫家。白天的熱氣可從石牆上感覺到，也可從人潮走動時懶洋洋又飄飄然的樣子看出，大夥走路時重心放在腳跟，挺著肚皮，耷拉著肩頭，就是一副在度假的慵懶模樣。

大多數攤子是支架桌，鋪著印花桌布，上面陳列著藝品，桌上往往還支著一張告示，說是倘若要買東西，請至咖啡館找攤主。有一攤比別攤都來得大且考究，看來就像露天客廳，有桌、椅和貴妃榻，還擺了幾盆棕櫚。有個黝黑、短小精悍的男子，穿著短褲和涼鞋，坐在其中一張桌旁，桌上有一瓶酒和一本訂購簿。原來是聖潘塔雷翁的鐵器藝匠歐德先生，他替我們家幹過一些活兒。他招手請我們過去坐下。

鐵器藝匠用鋼和鐵做器具。在這鄉下地方，鐵器匠忙著製造鐵條、鐵門、鐵遮板、鐵格子，以便驅賊，說不定每一處樹叢中都有小偷哩。歐德先生可不光只做這種簡單的安全設備而已，他發覺另有商機，有人會買古典的十八、九世紀鐵家具的複製品。他有附照片和設計圖樣的本子，假如你想要公園椅、烤麵包架或拿破崙可能會用的摺疊行軍床，他都可以製作給你，做得舊舊的，按照你鍾意的

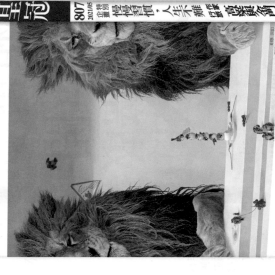

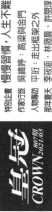

年代，要多鏽有多鏽，要多老有多老。他和親戚還有條小獵犬一起工作，不管製作什麼，他一定答應你兩星期交貨，然後在三個月後才送到。我們問他生意好不好。

他拍了拍訂購簿。

「我可以開工廠了，德國人、巴黎人、比利時人，今年全都想要大圓桌和這些庭園椅。」

他移動身旁的椅子，好讓我們瞧瞧椅子腳優美的弧形。

「問題在於，他們以為，不管是什麼東西，我兩三天就能做好，而你曉得……」他沒把話說完，呷了一口酒，像在思索著什麼。有對男女在攤子旁邊打轉一會兒了，走上前來，問起行軍床。歐德先生打開簿子，舔了舔鉛筆尖，抬頭看著他們。「我得告訴兩位，」他面無表情地說，「大概得等上兩星期。」

快十一點了我們才開始用餐，回到家時，早已過了午夜。空氣溫暖沉重又異常的窒悶，是適合下水游泳的夜晚，我們滑入水中，仰浮於水面，眺望星空，為這炎熱的一天畫下完美句點。遠遠的，從蔚藍海岸方向傳來悶雷聲和閃電，如此遙遠，帶著裝飾意味，是別人家的暴風雨。

它在黑暗的凌晨時分來到梅納布，一記轟天巨響驚醒了我們，搖動了窗戶，狗兒也嚇得齊吠。雷電有一個多小時就好像停駐在屋頂上方，驚天動地，不時轟向葡萄園。接著，雨水像洩洪般落下，敲擊屋頂和庭園，沿著煙囪流下，從前門底下滲入屋中。將近破曉時，雨停了。而後，彷彿一切都沒發生似的，旭日如常東昇。

家裡停電了。過了一會兒，我想打電話給電力公司，才發現電話也不通。我們繞著屋子走一圈，檢查看看暴風雨造成什麼損壞，看到車道有一半被沖到馬路上了，坑洞寬如拖拉機輪子，深得足以對一般車輛構成危險。不過天無絕人之路，凡事都有好的一面：這是個美好的早晨，而且沒有工人。他們肯定忙於自家的漏水問題，沒空搭理我們家的中央暖氣。我們到森林散步，看看那兒在暴風雨後的景況。

場景驚人得很，並不是有多少樹被連根拔起，而是暴雨竟使得連日以來被烘乾的地面冒出蒸汽，從林間縷縷升起，嘶嘶有聲，新的一天的熱氣已開始在烘烤樹叢了。我們回家享用遲來的早餐，陽光和藍天讓我們滿懷樂觀，一通公務電話更令我們心感安慰，來電者是保險公司的符莒先生，他問我們有沒有什麼損失需要理賠。

我們告訴他，只有車道受損。

「很好，」他說，「我有位客戶廚房裡積水五十公分，有時候就是有這種事，八月特別古怪。」

他說得沒錯，這是古怪的月份，我們真高興八月已經過完了，生活又可恢復原來的樣子，馬路空曠，餐廳不擠，孟尼古奇又穿著長褲來幹活。

遊客散去，普羅旺斯人歸巢，

秋日小陽春。

採收完畢的葡萄園披上了最美的衣裳，

一大片又一大片的葡萄葉，

紅褐、鮮黃與猩紅，

在陽光下靜止不動，

就像生活又恢復了原來的樣了。

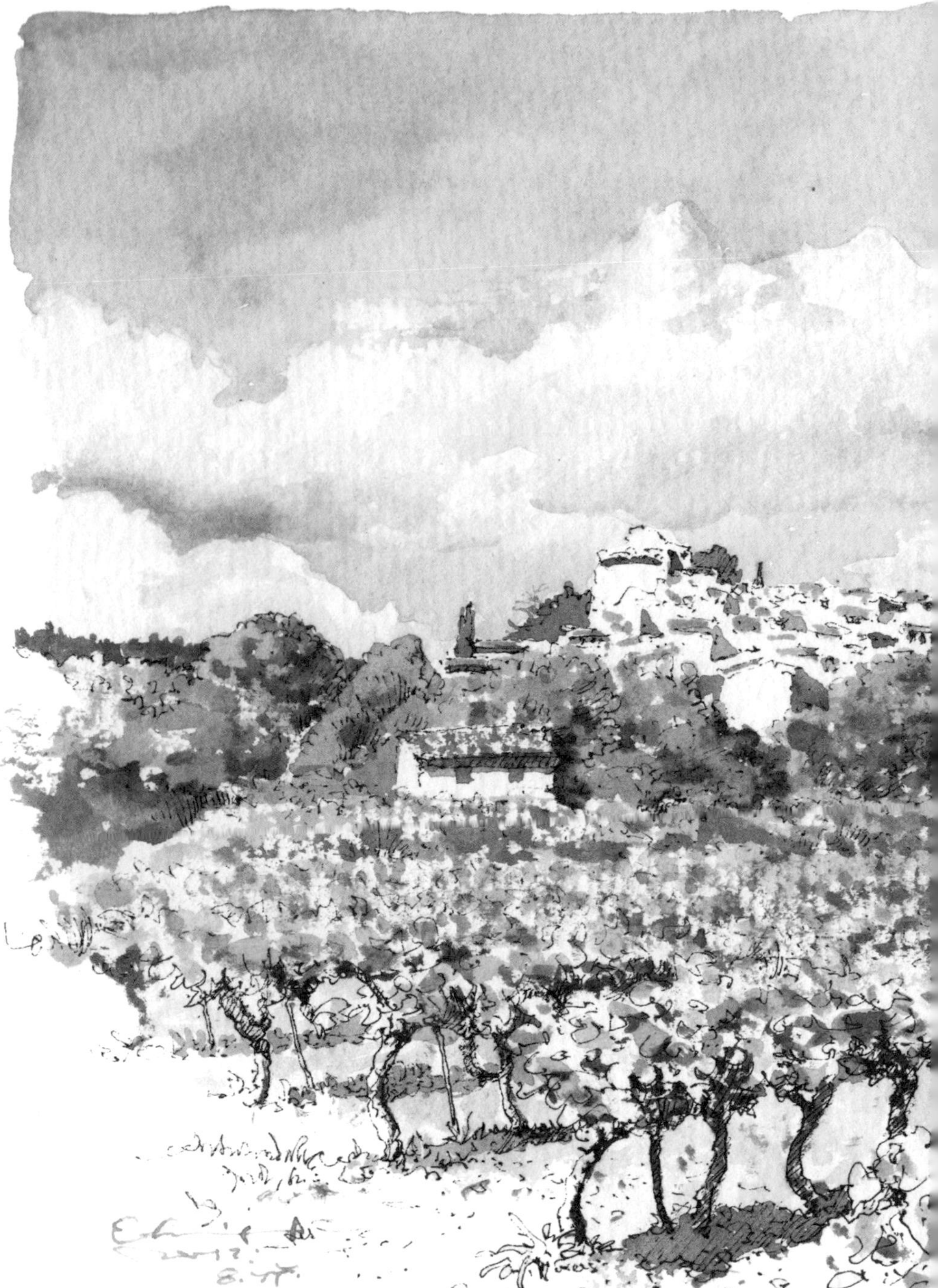

La puerta principal
de una finca de Provence.
un juego de la luz y la sombra.

九月
Septembre

一夕之間，呂貝宏山區的人口驟減。那些「第二個家」——其中不乏精緻優美的老宅——鎖上了門，閂上了窗，生鏽的鐵鍊繞上門柱。在聖誕節前，房子都沒人住，人去樓不空的狀況一目了然，不難了解「闖空門」何以在沃克呂斯省形成重要的次級產業。就算是裝備最差、動作最慢的竊賊，也有好幾個月時間可以不受打擾，好整以暇地幹他的活兒。這些年來，有些竊賊饒富創意，有的把整座廚房都拆除搬走，有的偷走古羅馬屋瓦、骨董級的前門，還有一大棵的橄欖樹。就好像有一個眼力好的小偷正在裝修屋子，以鑑賞家的眼光打量各處的各地的房地產，精挑細選地收集好貨。我們家的信箱搞不好就是這壞蛋偷走的。

我們又見到本地的朋友，他們紛紛走出夏季隱居處，露面了。他們多半飽受訪客騷擾，正在平復心情，他們講訴的事例諸多雷同。衛浴設備和錢是兩大主題，讓人驚訝的是，各家訪客或迷惑，或歉然，或生氣，但講出來的話居然一樣。大夥無意間蒐集了「八月語錄」。

「什麼意思？不收信用卡？哪兒都收信用卡的。」

「你家沒伏特加酒了。」

「浴室裡有一股怪味。」

「你能不能埋了這張單？我只有五百法郎的大鈔。」

「放心，我一回倫敦就寄新的還你。」

「我不知道上你家的廁所得那麼小心。」

「別忘了告訴我打到洛杉磯的那幾通電話多少錢。」

「看到你作牛作馬，我真是良心不安。」

「你家沒威士忌了。」

我們聽了好多故事，有什麼排水管不通、把白蘭地當水喝、游泳池裡有碎酒杯、掏皮夾比誰都慢，還有客人是大胃王，形形色色，不禁覺得八月期間老天待我們不薄，我們的房子是受到不小的損害沒錯，但是聽來朋友的房屋也受創。孟尼古奇在大肆破壞時，好歹我們不必提供他食宿。

九月初在許多方面給人春天復臨的感覺，白天乾燥溫暖，夜晚清涼，歷經八月的窒悶濕熱後，空氣清新宜人。山谷居民不再懶洋洋，著手進行年度大事，每天早上巡視葡萄園，察看葡萄串，它們懸掛在一行又一行、排列整齊的葡萄藤上，飽滿多汁。

老傅並不例外，也在園裡，手捧著葡萄，抬頭看天，咂著舌頭在思索，猜測天氣會怎麼樣。我問他何時要採收。

「還需要一陣子才會成熟，」他說，「不過九月的天氣靠不住。」

截至那會兒為止，他每個月都對天氣發表同樣悲觀的論調，語氣認命又哀傷，全世界的農夫在告訴你在土地上討生活有多辛苦時，語氣都是這樣。風、雨、陽光、雜草、害蟲和政府，統統跟你作對，總是有什麼美中不足的事，他們從悲觀中得到反常的樂趣。

「一年中，十一個月萬事順利，」老傅說，「然後，咻的一聲，暴風雨來了，葡萄連葡萄汁也榨不出來。」他提到葡萄汁三字時，語氣之輕蔑，我可以想像他寧可任憑受創的葡萄在藤上爛掉，也不肯浪費時間去採收連普通餐酒也釀不成的葡萄。

就好像他生命中的勞苦還不夠似的，大自然又給他添了困難：我們家土地上的葡萄必須分兩次採收，因為有五百棵是食用葡萄，必須先採，然後再採釀酒用的品種。這事很討厭，但是因為食用葡萄價錢好，只好忍耐。話雖如此，這就表示果農有兩次失望和受災的機會，而且在老傅看來，這種事肯定會發生。我走開，留他在那兒大搖其頭，向老天爺發牢騷。

老傅的預言令人意氣消沉，孟尼古奇則給我們帶來每天限量提供的好消息，他的中央暖氣工程已接近完工，這會兒正等著點燃鍋爐的日子到來，整個人簡直欣喜若狂。他已三次提醒我得訂油，又堅持要監督灌油，他可容不得有雜質進入油箱。

「要特別小心啊，」他對送油來的工人說，「燃料裡要是有一丁點髒東西，就會影響到我的鍋爐，阻塞電極。依我看，還是小心一點，邊濾邊灌油。」

送油工人火了，用他指尖污黑、沾滿油的手指，撥開孟尼古奇搖個不停的食指。「我的油濾過三次了，沒有雜質。」他作勢要親吻自己的指尖，想想不妥又沒親。

「我們走著瞧，」孟尼古奇說，「我們走著瞧。」他看著那尚未塞進油箱的油嘴，一臉的懷疑，送油工人拿著一塊髒抹布，大手大腳地擦油嘴。孟尼古奇在加油儀式上詳盡發表有關燃燒器和鍋爐內部運轉功能的技術論文，送油工人不怎麼感興趣地聽著，適時咕噥兩聲或說「嗯，是哦」以示回應。最後幾公升油灌好了，孟尼古奇轉過身來看著我。「今天下午做第一次測試，」他想到一種可怕的狀況，焦慮了起來，「你們沒有要出門吧？你和夫人都會在家？」讓他少了觀眾，這樣未免太狠心了。我們保證兩點鐘時會做好準備，等候測試。

我們聚集在孟尼古奇打造的中央暖氣中樞，這裡原是驢廄。鍋爐、燃燒器和水箱一字排開，還有銅製的燃料供應管，以及漆了不同顏色的管子——紅色的代表熱水，藍色是冷水，很合邏輯——管子的一頭接在鍋爐上，散開來連到天花板就消失不見。被粗糙的石牆一襯，明亮的活栓、刻度盤以及開關，看來很不協調，它們正等著主人啟動。貌似極度複雜，我把這話說出了口，犯下大錯。

孟尼古奇把這當成人身攻擊，花了十分鐘示範有多簡單，轉一下開關，打開或關上活栓，轉動刻度盤和儀表，弄得我一頭霧水。「好啦，」他最後一次扭動開關後說，「這會兒你已經了解這機器了，開始測試吧。小伙子，注意啦！」

這怪獸哐噹作響，哼唧幾聲後，醒了過來。「燃燒器！」孟尼古奇繞著鍋爐手舞足蹈，不停地調整火力。先是轟的一聲，接著是悶悶的吼聲。「燒起來了！」他儼如在發射太空梭似的，繪聲繪影地說，「五分鐘內，每一部散熱器都會發熱，來吧！」

他繞著屋子跑來跑去，堅持要我們摸遍每一部散熱器。「看到沒有？你們一整個冬天穿襯衫就行啦。」這時，我們早已汗涔涔，外頭氣溫攝氏二十七度，室內暖氣全開，更是熱得受不了。我要求關掉暖氣，否則大夥都要脫水了。

「不行，起碼得開二十四小時才行，這樣才能知道接合密不密，不會漏水。什麼也別動，我明天會回來。開關要開到最大，這一點最最重要。」他離去，留下我們在這兒逐漸枯乾，聞著烘烤灰塵和熱鐵的氣味。

九月一個週末，鄉間槍聲大作，彷彿在為第三次世界大戰做演習。狩獵季節正式開始了，每一位雄赳赳的法國男人都帶著他的槍、他的狗還有一股殺氣上山打獵。在這之前便已有預兆，頭一個信號是郵寄來的——維松拉羅曼（Vaison-la-Romaine）一家槍具店寄來嚇人的傳單，聲明該店以季前優惠價格出售各式各樣的槍械有六、七十款可供選擇，想到可以擁有名牌獵槍或附光電瞄準器的手槍，竟然挑起了我那自出生以來便休眠的狩獵本能。妻子腦筋清楚，故而對我處理任何種類危險物品的能力欠缺信心。她指出，我不需要光電瞄準器就可以射中自己的腳丫。

我們倆都對法國人喜愛槍枝感到驚訝，我們兩度到外表看來溫文、愛好和平的法國人家裡拜訪，兩度都獲主人招待欣賞家族收藏的槍械。其中一位擁有五把不同口徑的步槍，另一位有八把，上了油、磨了光、展示在餐室牆壁的架上，好像致命的藝術品。怎麼會有人需要八把槍呢？你要出外打獵時怎麼知道要帶哪一把呢？還是說，就像帶一袋高爾夫球桿那樣，統統帶上，要獵豹或麋鹿就挑四四口徑，要獵兔就換把小的？

後來，我們逐漸了解到，對槍枝的狂熱，不過就和法國人熱愛全套裝備、行頭的心態同出一轍，他們熱中於讓自己看來有專家的派頭。法國人一旦開始從事單車、網球或滑雪運動，最忌諱別人錯認為他是生手，儘管他真的是。於是他會按照專業規格把自己裝備起來，這是即刻便應辦妥的事，花上幾千法郎，你看來便跟參加環法大賽、溫布頓網球賽或冬季奧運的高手沒什麼兩樣。說到打獵，裝備幾乎沒有上限，又因為看來十分陽剛又危險，而更有吸引力。

我們應邀去卡瓦雍市場參觀街頭狩獵裝備預展，各個攤位都堆滿了本季新貨，活像小型民防補給站：有子彈帶和皮編的步槍吊帶；附有無數拉鍊口袋的短上衣；可清洗的獵物袋，非常實用，因為血跡可輕易清除；外籍傭兵空降剛果時穿的那種野外靴；看來嚇人的九吋刀刃獵刀，刀柄上帶指南針；輕巧的鋁水壺，八成會用來裝茴香酒而不是水；有D型環釦寬腰帶，上附刺刀帶，想來是要防範未然，假如彈藥用盡，就用冷冰冰的刀子來攻擊獵物；軍便帽、突擊褲、救生口糧和摺疊式野炊爐。人在對抗森林中野獸時需要的東西，這裡一應俱全，只缺一樣，就是有著四條腿、雷達般鼻子、不可或缺的獵犬。

買賣獵犬可是專門行業，不適合這種櫃台交易，我們聽說，認真的獵人考慮買幼犬前，一定會看看小狗的父母。從我們看過的獵犬觀之，可以想像要找到父親是哪條狗，想必困難，可是在這些奇品雜種狗中，有三種左右可以辨別的種類——很像大型西班牙獵犬的紅褐色長耳犬、身型長長的米格魯獵犬和一臉皺紋、愁眉苦臉的瘦高獵犬。

每位獵人都認為他的狗天賦異稟，肚子裡起碼有一個這狗如何英勇威武的神奇故事要告訴你。聽到狗主講的事蹟，你會以為這些狗簡直有超能力，訓練有素，而且終生忠心耿耿。我們感到興趣，盼望見到獵犬在獵季展開的週末大顯神通。說不定牠們可以樹立好榜樣，激勵我家狗兒幹點有用的事，別光是成天追蜥蜴、攻擊舊網球。

星期天早上七點剛過，我們山谷裡就有人開始打獵了，我們家左右兩側和屋後的山裡分別傳來槍聲。聽起來，好像只要會動的東西都有中彈之虞，我帶著狗兒出門散步時，拿了我所能找到的最大一條白手帕，萬一有需要豎白旗表示投降時便可派上用場。我們戒慎小心地踏上屋後通往村落的步道，心想凡領得到槍枝執照的獵人，應該都會離人來人往的小徑遠遠的，進入草木茂密糾結的山裡吧。

很難不注意到耳邊沒有了鳥囀之聲，所有聰明的或有經驗的鳥兒都在第一聲槍響後，飛到比較安全的地方，好比北非還是亞維儂市中心。古早時代，獵人會把籠中鳥掛在樹梢，誘使其他鳥兒靠近，然後近距離舉槍射鳥，不過如今法律已禁止，現代的獵人必須靠著森林生活知識，偷偷摸摸地行動。

我並沒見到多少熟悉森林知識、行動鬼祟的人，倒是看到不少獵人、獵犬，還有足以射光南法所有鶇鳥和兔子的武器。他們並未深入林間，老實講，簡直就沒有離開步道，獵人三五成群地聚集在空地上，說說笑笑，抽菸，不時喝一口裝在卡其色隨身瓶裡的酒、吃一片香腸，可說到真正動手打獵，也就是人鶇之間的鬥智，卻沒有進行的跡象。他們想必是在清晨那一陣齊鳴的槍聲中便已用盡子彈。

不過，他們的狗兒倒是急著想幹活。牠們在狗舍中關了好幾個月，重獲自由，又嗅到森林的氣味，興奮得不得了，鼻子湊著地面，東嗅西聞，激動得身體抽動個不停。每條狗脖子上都繫著附有銅鈴鐺的粗頸圈。有人告訴我們，這鈴鐺有雙重作用，一來顯示狗在何處，這樣獵人便可佔好有利位置，準備射擊被狗追趕著朝他而來的獵物，二來也預防獵人一聽見樹叢中有聲響，以為是兔子或山豬，就舉槍射擊，卻未發現射中了自己的狗。當然，沒有哪位有責任感的獵人會在沒看清獵物的情況下就開槍——我是這麼聽說的。不過，我很懷疑。獵人喝了一上午的茴香酒或燒酒，樹叢中如果窸窣有聲，說不定抵擋不了那股衝動，而那發出窸窣之聲的，卻搞不好是人類。其實，八成就是我。我真想也戴個鈴鐺算了，安全至上啊。

快到中午時，鈴鐺的另一個好處出來了：有助獵人避免打獵完了卻丟了狗，不致丟人現眼。我原本以為獵犬既守規矩又忠實，事實卻不然，牠們愛四處遊蕩，被自己的鼻子牽著走，而且完全無視於時光的流逝。牠們不明白午餐時間一到就要停止打獵的想法，狗頸上掛了鈴鐺並不表示主人一喊狗就會回來，但是獵人好歹可以分辨狗大概在哪裡。

就快中午了，穿著迷彩裝的人紛紛走向停在路旁的廂型車，有幾位帶著狗，其他的則吹著口哨，人聲喊狗，越來越不耐煩，沒好氣地朝著林間傳來清楚可聞的鈴鐺聲嘶喊：「回來，快點回來！」

反應零零落落，喊叫聲中的火氣越來越大，逐漸轉為咆哮和咒罵。過了幾分鐘，獵人放棄了，回家去，大多數身邊少了狗。

過了一會兒，我們在吃午餐時，三條棄狗跑來，喝我們家泳池的水。牠們那漫不經心的調調兒與異國氣味，令我們家兩條母狗大為傾倒，我們把牠們圈在庭園裡，不知該如何把狗送還給主人，就去請教老傅。

「不必操心，」他說，「放牠們走，獵人傍晚會回來，要是找不到狗，就會留下坐墊。」

老傅說，這個辦法一向管用，如果是在森林裡走失了狗，就只要在最後看到狗的地方留下帶有狗舍氣味的東西，好比說坐墊，更常留的是一塊破布之類。狗遲早會循味而來，等候主人來接。

我們放那三條狗走，牠們撒腿就跑，激動地叫著。那叫聲很特別，不是吠，不是嗥，聽來悲哀，像是雙簧管奏出的痛苦悲鳴。老傅搖搖頭，「牠們會流浪一陣子。」他自己並不打獵，在他眼中，獵人和他們的狗是入侵者，沒有權利在他寶貴的葡萄四周東嗅西聞。

他告訴我們，採收食用葡萄的時機已經到了，等昂莉葉整理好載貨卡車就開始。她是家中的機械專家，每到九月她就要想辦法讓載葡萄的卡車再多跑幾公里，那車子起碼三十高齡了，說不定還更老，老傅記不大得。車頭是圓的，車體像快散掉，車子已沒有兩側，輪胎已磨平，好幾年前就不適合上路行駛，但是買新卡車？休想。送到修車廠去維修？好好的錢幹嘛浪費？家裡不就有位賢妻是黑手。一年不過就用上幾星期，老傅會很小心，只走小路，以免碰上雷波梅警局那些多管閒事的條子，老愛講什麼煞車、保險已過期等荒謬的規定。

昂莉葉施法成功，老爺車一大清早氣喘吁吁地開上車道，車上載著裝葡萄的淺木箱，高度正好可容鋪上一層的葡萄串。淺木箱一只只疊起，放在一行行的葡萄樹邊上，老傅夫妻倆和女兒一行三人拿著剪刀，開始工作。

這是進行速度既緩慢又勞筋動骨的辛苦工作，因為食用葡萄的外觀幾乎與其滋味一般重要，每一串葡萄都必須經過檢查，凡有傷痕或表皮起皺的葡萄都必須剪掉。葡萄串長得很低，有時觸及地面，被葉子遮住，採收的進度一小時不過幾十公尺——蹲下、剪、起身、檢查、剪掉有瑕疵的、包裝。炎熱難耐，熱氣從腳下的土地往上冒，烈日直射肩頸。沒有遮蔭，沒有和風，除了中午休息用餐外，一天要連續幹上十小時的活。從此以後，我只要看到果盤中的葡萄，就會想到背痛與中暑。他們過了七點才進來我們屋裡喝杯酒，疲憊不堪，渾身散著熱氣，然而心滿意足。葡萄品質好，三、四天就能採收完。我向老傅說，天氣這麼好，他一定很開心。他把帽子向後推，我看到他的額頭有一條清楚的線，一邊被太陽曬黑了，另一邊是白的。

「天氣太好了，」他說，「不會持久的。」他喝了一大口茴香酒，一邊思考著可能會發生哪些倒楣的事情。要是沒有暴風雨，那說不定會有霜害，再不有蝗災、森林大火、核子攻擊。在第二批葡萄採收前，一定會出岔子。就算沒有，他也可以因為醫生說他膽固醇太高必須節食而自我安慰一番。是啊，那肯定是個大問題。他還記得自己近來時運不濟，反而放下心中的大石頭，於是再喝它一杯酒。

我花了好一段時間才習慣一件事，就是我們家有單獨一個專門用來儲存酒的房間，不是堂皇的酒櫃，不是樓梯底下狹小的空間，而是真正的酒窖，埋藏在屋子地下，有四季皆涼的石牆和碎石子地面，足可收藏三、四百瓶酒。我真喜歡這酒窖，決心要把它填滿；我們的朋友則決心把酒都喝光。這讓我有藉口每隔一陣子就前往葡萄酒莊，這樣客人就絕不至於口渴。我可是為了社交原因去酒莊辦事的。

我為了做研究與多方了解起見，去了吉恭達、威尼斯波姆和教皇新堡，每個產區規模就像一個比較大的村子，一律全心全意只種植葡萄。我放眼望去盡是酒窖的廣告牌，似乎每五十公尺就有一家。「自家釀酒，歡迎試飲！」我欣喜接受邀請。我曾在吉恭達的一間車庫、在威尼斯波姆山上的城堡中試飲葡萄酒，發現一款醇厚又柔滑易入口的教皇新堡紅酒，一公升三十法郎，好像加油般用注酒槍射入塑膠桶，完全不拘形式。在一個比較昂貴也比較裝模作樣的酒莊，我要求試飲燒酒。一只刻花玻璃小瓶子取出來，一滴酒滴在我的手背上，這是要我聞，還是要我吸吮，我也不很清楚。

過了一陣子，我繞過村莊而不入，開始跟著往往一半被草木遮掩的酒招走，它們指向鄉野深處，那裡的葡萄曝曬在陽光下，我可以直接向釀酒的人買酒。毫無例外，他們個個親切好客，為自家產品自豪，而且至少在我看來，他們的銷售技巧讓人無法抗拒。

有天下午兩、三點，我經過瓦開拉斯（Vacqueyras）後，駛離大馬路，開上葡萄藤間狹窄的石子路。聽說順著這條路走，就是釀酒人家，我午餐時喝到他們釀造的隆河丘白酒，很喜歡。買上一兩箱，便可填補我們晚近招待的那夥突擊隊員給酒窖騰出的空位。我不會久留，頂多待個十分鐘就要打道回府了。

石子路盡頭是一大片房屋，成ㄇ形，中間的院子是泥土面，一棵巨大的梧桐樹華蓋成蔭，有隻昏昏欲睡的守門狼狗對著我要吠不吠地叫了兩聲，算是盡了牠取代門鈴功能的責任。一位穿著背帶褲的男人從拖拉機走過來，拿著油膩的火星塞。他抬起前臂讓我行握手禮。

我想買一些白酒，好嗎？好啊，他本人正忙著修拖拉機，不過他叔叔會來招呼我。「愛德華，可不可以招呼一下這位先生？」

前門垂掛的木頭珠簾掀開，愛德華叔叔走出來，在陽光下瞇著眼看。他穿著無袖背心、棉布藍色工作褲和絨布拖鞋。他腰圍甚寬，和梧桐樹幹有得比，不過最讓人嘆為觀止的，要屬他的鼻子，我沒見過這樣的鼻子，寬而多肉，鼻頭顏色介乎玫瑰色和紫紅色之間，紫色的細紋從鼻側延伸越過腮幫子。這位仁兄想必愛喝自己釀出的成品。

他眉開眼笑，腮幫子上的線條像紫色的鬍鬚。「好，就小試淺嚐一番囉。」他領我穿過院落，推開雙扇門，走進一沒有窗戶的長形建築物中，請我站在門內等候，他去開燈。門外陽光刺眼，我乍進門裡，什麼也看不見，不過屋內有股令人放心的氣味，帶著霉味，肯定就是空氣本身在品鑑發酵的葡萄。

愛德華叔叔開了燈，關上門阻隔暑氣。扁平的錫燈罩只掛著一只燈泡，燈下有一張長條桌和六張椅子。我看到陰暗的角落有樓梯和水泥坡道向下，通往酒窖。破爛的水槽邊有部舊冰箱，發出輕微的嗡嗡聲。

愛德華叔叔在擦拭酒杯，舉向燈光，一一檢查後，才放在桌上。他把七只杯子整齊地排成一列，然後把七個不同的瓶子擺在杯後，每放一瓶酒，就誇個幾句：「先生知道這白酒，對吧？是非常順口又年輕的酒。這粉紅酒，一點都不像蔚藍海岸那些淡寡的粉紅酒，酒精度十三哦，恰到好處。有一瓶清淡的紅酒，喝上一整瓶再下場打網球也不成問題。那一瓶呢，正好相反，是冬天喝的，可以陳放十年以上，還有啊……」

我想阻止他，就對他說，我只想要兩箱白酒，但他不理。先生辛苦親自跑這一趟，怎能不多嚐幾款呢？愛德華叔叔說，好唄，他就陪我一一品嘗不同年份的好酒。他朝我肩頭重重一拍，請我坐下。

好極了，他告訴我哪一款酒產自葡萄園裡哪一塊地，為什麼有些坡地產的酒清淡，有些則較濃郁。我們邊品酒，他一邊說明可以配上什麼菜，邊說邊抿嘴咂舌還翻眼，彷彿到了美食天堂。我們在想像中吃到了螯蝦、加了酸模烹調的鮭魚、迷迭香調味的布列斯雞、烤小羊肉佐蒜香醬、普羅旺斯風味的橄欖慢煨牛肉、加了薄片松露的豬裡脊肉。酒的味道越來越好，價錢也越來越貴；我面前可是位賣酒專家，我只有靠在椅背上、津津有味地品酒的份兒。

「還有一款你得嚐嚐，」愛德華叔叔說，「不過，不是人人都能欣賞。」他挑出一瓶酒，小心地斟了半杯，那酒深紅的近乎黑色。「極有個性的酒，」他說，「等等，需要配一點好吃的東西。」他走開，留我坐在杯瓶間，醉意開始湧現。

「好啦。」他把一只盤子放在我面前，是兩小塊圓形的山羊乳酪，浸過香草和油，閃著油光。他遞給我一把木柄小刀，看著我切下一小塊乳酪，吃下去。味道非常強勁，我僅存的味覺復甦，這酒嚐來如瓊漿玉露。

愛德華叔叔幫我搬運酒箱上車，我真的買了這麼多嗎？肯定是的，我們在那陰暗宜人的酒窖裡坐了近兩個小時，在兩小時的時間裡，使出多大的手筆都有可能。我頂著陣陣作痛的腦袋離開，還帶走一份邀約，下個月再來參觀釀酒葡萄收成。

採收釀酒葡萄是一年當中的農事高潮，我們自家的釀酒葡萄在九月最後一週收成。老傅原本希望再晚幾天採收，但是得到某種有關天氣的私人情報，讓他相信十月會多雨。

除了採收食用葡萄的三人組合外，老傅的親戚哈伍爾和父親這一回也來幫忙。老爹的任務是慢慢跟在採葡萄的人後頭，拿著手杖往葡萄樹裡戳，如果戳到漏採的葡萄，就放聲高喊，叫人回來把事情辦妥——以八十四高齡的老人來講，他肺活量挺好。他不像別人穿短褲、背心，好像在過冷冽的十一月天似的，穿著毛衣和厚棉布外套，還戴著帽子。吾妻帶著相機出現，這時他脫下帽子，梳理頭髮，再戴上帽子，擺好姿勢，下半身藏在葡萄樹後面。他跟每一位鄰居一樣，都喜歡拍照留念。

一行又一行，緩慢而喧鬧，葡萄採收完了，裝入塑膠箱內，堆放在卡車後面。眼下，每天傍晚路上小貨車和拖拉機絡繹不絕，載著堆積如山的紫葡萄前往莫貝克的葡萄酒合作社，在那裡稱重並測量酒精含量。

出乎老傅的意料，採收過程未出差錯，為了表示慶祝，他邀我們一同送最後一批葡萄到合作社。「今晚會看到最後數字，」他說，「這樣就知道明年有多少酒可喝。」

卡車以三十公里的時速，搖搖晃晃地迎著夕陽而去，我們尾隨其後，走在狹窄的道路上，路邊不時可見自車上掉落、壓扁的葡萄。等待卸貨的車輛大排長龍，被太陽曬得滿臉通紅的魁梧男人坐在拖拉機上，等輪到他們時便把貨推上平台，卸入導槽，這是從葡萄到酒瓶這一趟旅程的第一步。

老傅卸完貨，我們隨他走進屋裡，看我們的葡萄全部進了一個巨大的不鏽鋼桶。「注意看指針，」他說，「會顯示酒精含量。」指針向上一擺，一陣震動後留在百分之十二・三二上。老傅咕噥兩聲，要是有十二・五〇就好了，早知道多讓太陽曬幾天說不定就成，不過能在十二以上也可以了。他帶我們去找記錄每批貨帳目的人，盯著夾板上的一行數字瞧，從口袋裡掏出一疊紙出來比對，點點頭，都對。

「你不怕口渴了，」他比出普羅旺斯式喝酒手勢，握緊拳頭，大拇指指向嘴。「一千兩百公升多一點。」

聽來是豐年，我們對老傅表示欣喜之意。「嗯，」他說，「好歹並沒有下雨。」

十月
Octobre

那人站在那兒，盯著古老的矮櫟樹根部周遭的地衣和樹叢看。他的右腳穿著直到大腿的釣魚用綠色橡膠長統靴，另一隻腳卻穿著跑鞋。一手拿著長長的棍子，另一手提著藍色塑膠購物袋。

他走到樹旁，穿著長靴的腳向前跨，緊張地拿著棍子直往樹叢戳，好像西洋劍術家在比武，防備對手會突然猛烈還擊。橡膠腿再往前：防衛，刺，退後，刺。他全神貫注於比武，根本不曉得我站在步道上旁觀，同樣全神貫注。我的一隻狗跑到他身後，朝他的後腿好生嗅了一番。

他跳起來——媽的！——跟著看到狗，還有我，露出難為情的樣子。我為自己嚇了他一跳致歉。

「有那麼一會兒，」他說，「我還以為遭到攻擊。」

我想不出他以為有誰會在攻擊以前先嗅他的腿，問他在找什麼。他舉起購物袋，答道：「蘑菇。」

這可是呂貝宏山區新添令人發愁的事，我早已明白這地區怪人怪事多，但是說到蘑菇，就算是野菇，也萬萬不會攻擊成年人吧。我問他蘑菇是否危險。

「有些可以要人命的。」他說。

這我相信，可是這無法解釋他何以穿著橡膠長統靴，還拿著棍子戳來戳去。

我不怕被人當成無知的都市鄉巴佬，指著他的右腿。

「穿靴子是為保護安全嗎？」

「當然。」

「防什麼？」

他用他的木劍拍拍橡膠靴，神氣活現地衝著我走來，活像提著購物袋的三劍客，反手向一叢百里香揮出一劍，向我靠近。

「蛇呀，」他說，微微發出嘶聲。「牠們正準備冬眠，要是打擾到牠們，嘶！牠們就會發動攻擊，後果可能很嚴重。」

他給我看購物袋中的東西，是他冒著生命和斷腿缺胳臂的危險從林間採來的。在我看來，這些玩意毒性強烈，色彩不一，有的深藍近黑，有的如鐵鏽色，也有鮮橘色的，完全不像市場上出售的中規中矩白蘑菇。他把袋子湊到我鼻下，讓我聞聞他所謂的山間精華之氣。出乎我意料之外，很好聞，有泥土香，濃郁，微帶堅果味，我更仔細地端詳這些蕈菇。我在森林裡看過，一簇簇長在樹下，貌似邪惡，我以為這些東西一下肚，馬上就會一命嗚呼。我這位穿靴的朋友叫我放心，說這些蕈菇不但安全，而且美味。

「可是，」他說，「你一定得認識有毒的種類，大概有兩三種，要是不敢肯定，就送去藥房檢驗。」

我以前從未想過蘑菇在加進蛋捲前，還得接受臨床檢驗，可是既然腸胃在法國是最有影響力的器官，這麼做也很有道理。下一回我再去卡瓦雍，要上幾家藥房逛逛。果然，藥房成了蕈菇諮詢中心。櫥窗裡原本擺著傷口護理用品，貼著妙齡女郎伸出古銅色細腿的減肥霜海報，這會兒則盡是大型的蕈菇辨識圖表。有些藥房更進一步，櫥窗中擺了一堆堆參考書，圖文並茂地記載已知的各種可食蕈菇。

我看到有人拎著髒兮兮的袋子走進藥房，神色焦急地把東西放在櫃台上，一副行將接受罕見疾病檢驗的模樣。身穿白衣的駐診專家神情肅穆地檢視袋中那些沾著土的小東西，接著宣佈判決。我想，比起每天繞著塞劑和保肝藥打轉的尋常日子，這應該是很有意思的改變吧。我看得出神，險些忘了自己來卡瓦雍的目的，可不是要逛藥房，而是要去本地的烘焙殿堂買麵包。

住在法國，我們吃麵包也吃上了癮，選購每天要吃的麵包，每每令我們樂趣無窮。梅納布村的麵包店營業時間沒個準——「老闆娘梳洗完畢就會重新開門營業」，有一次有人這麼對我說——這使得我開始去別的村子，造訪其他麵包店，結果大開眼界。我們這麼多年來都把吃麵包視為理所當然之事，多少覺得麵包不過是一般商品，這下子卻好像發現一種新的食品。

我們嚐過呂米耶（Lumières）扎實耐嚼的麵包，比一般的長棍麵包來得粗也來得扁，也吃過卡布里耶（Cabrières）深色脆皮的圓形麵包，大得像壓扁的足球。我們認識到哪種麵包可以擺一天，哪種三小時不吃就不新鮮了，哪種最適合做成麵包丁，哪種最適合抹上紅椒大蒜醬加進魚湯裡吃。起初，我們看到店裡除了有每早現做、中午就銷售一空的糕點和酥皮點心外，也擺了一瓶瓶香檳，頗為驚訝，如今習慣了，欣見如是景象。

大多數麵包店有其獨家特色，這使得其產品有別於大量製作的超市麵包，好比說，形狀稍有異於傳統模樣，外皮多了一個渦紋，圖案別出心裁，烘焙師傅如藝術家般在作品上簽名，就好像世上從來就沒有過包裝好的機器製造切片麵包。

在卡瓦雍，電話號碼簿上登記的麵包店有十七家，可是我們聽說論起種類之多、品質之優，有一家出類拔萃，簡直是麵包宮殿。據說在「奧采」麵包糕餅的烘焙和食用之道，地位崇高有如宗教。

天氣暖和時，麵包店外擺了桌椅，好讓婆婆媽媽們一邊喝著熱巧克力，吃著杏仁餅或草莓塔，一邊優閒但好好地思量要買什麼麵包佐午餐和晚餐吃。為了幫助顧客做決定，奧采印製了詳盡的麵包單，我在櫃台取了一份，點了咖啡，坐在陽光下讀了起來。

一讀之下，我又上了一堂法國文化課。單子上不僅介紹了我前所未聞的麵包，並且堅定明確地告訴我，吃什麼東西要配什麼麵包。喝餐前開胃酒時，可選小方塊的薄脆烤麵包、可能是加了培根調味的「驚喜麵包」，或鹹的千層脆皮酥。這不難，但是要決定用哪種麵包配正餐，可就複雜多了。好比說，假定我想要先來點胡蘿蔔條、黃瓜條之類的生菜，有四種麵包可供搭配：洋蔥麵包、大蒜麵包、橄欖麵包或藍紋乳酪麵包。太難了嗎？那麼，我改吃海鮮好了，因為根據奧采訓示，只有一種麵包適合搭配海鮮，就是薄片的黑麥麵包。

這單子就如此這般地以斬釘截鐵、沒得商量的語氣，列出吃火腿香腸、肥鵝肝、湯、紅肉或白肉、禽類或畜類野味、燻肉、綜合沙拉（請勿與另成一類的生菜沙拉混淆），還有三種不同質地的乳酪。我算了一下，從百里香到胡椒，從堅果到麩皮，有十八種麵包。我這下子拿不定主意了，走進店裡請教老闆娘，請問吃小牛肝該搭配什麼麵包呢？

她朝貨架掃了兩眼，選了一種名叫「巴內特」的粗短褐麵包。她一邊數著要找給我的零錢，一邊告訴我有家餐廳的大廚，如何用五種不同麵包搭配套餐的五道餐點。她說，這一位可真懂麵包，不像有些人。

我漸漸也懂了一點，同時也漸漸懂了一點蕈菇之道。這個上午我可長了不少見識。

馬索滿懷熱情，想要抒懷，他剛出家門，要到林中獵殺什麼，我在俯瞰葡萄園的山頭遇見他。他一隻胳臂夾著槍，嘴角叼著他的黃紙捲菸，站在那裡若有所思地凝視著山谷。

「瞧那些葡萄樹，」他說，「大自然披上了最美的衣裳了。」

如此出人意表的詩情畫意隨即多少被馬索自己破壞了，他大聲清清喉嚨，吐了一口痰，可是他說得沒錯；葡萄樹美極了，一大片又一大片的葡萄葉，紅褐、鮮黃與猩紅，在陽光下靜止不動。眼下葡萄已採收完畢，園中不見拖拉機或人影來干擾我們欣賞美景，要等到葡萄葉落盡，剪枝工作才會開始。這時正是夏秋之交，天氣依然炎熱，可是不像夏天暑氣逼人，又尚未入秋。

我問馬索賣房子事有無進展，說不定有哪對可愛的德國夫婦在附近露營時，愛上了他的房子。

提到露營客，他氣得毛髮倒豎。「他們才買不起像我家這樣的房子，反正，我現在不賣了，到一九九二年再說。你等著瞧吧，等歐洲邊界消失後，大家都會來這裡買房子——英國人啦，比利時人啦……」他大手一揮，把歐盟其他國家的人都涵括在內。「到時，價錢就會變得更重要了，呂貝宏山區的房屋會非常搶手，就連你那塊小地方也會一兩百萬。」

這並不是頭一回有人提起一九九二年這年份，說是到了那一年，歐洲共同市場合而為一，歐洲人會忘了國籍這回事，變成快樂的大家庭，到時外國錢就會湧入普羅旺斯。金融限制解除了，西班牙人、義大利人還有其他人會怎麼做？還不就是趕忙跑來普羅旺斯，揮舞著支票本，到處找房子？

很多人都懷著這想法，但是我看不出有什麼理由會發生這樣的事。普羅旺斯已經有相當多的外國人口；買房屋從來就不很困難。況且，有關歐洲統合這一回事，紙上的一個日期並不能阻止各會員國為爭取對己有利條件而爭吵、耍花招，使出官僚作風。特別是法國。說不定五十年後情況會有所不同，但一九九二年肯定不會。

然而馬索深信不疑。一九九二年，他會賣掉房子，退休，也可能到卡瓦雍買一間兼賣香菸的小酒吧。我問他要怎麼處置他那三條危險的狗，有那麼一時半刻，我以為他淚水將奪眶而出。

「牠們不會喜歡住在城裡，」他說，「我得開槍殺了牠們。」

他陪著我走了幾分鐘，一邊自得其樂地嘀咕著他那肯定會掙到的財富，還有時間，辛辛苦苦工作了一輩子，應該有所獎賞，人老了就該享清福，而不是在田地裡跌斷了背。雖說他的這片地產不巧就特別難看，在山谷中顯得格外突出，可是他每回講起來，都好像這塊地之可貴、之美輪美奐，不輸華麗的古堡和頂級酒莊。他離開步道，走進林間，去威嚇鳥兒，這個殘忍、貪婪又滿口謊言的老流氓，我越來越喜歡他了。

回家的路上散落著空的獵槍彈殼，是馬索口中的「步道獵人」留下來的，這些小家子氣的可憐蟲既不想走進林間弄髒靴子，又希望鳥兒會不知怎的飛進他們的射程中。除了散亂的彈殼外，還有壓扁的香菸盒、空沙丁魚罐頭和酒瓶，是同樣那批大自然的愛好者留下的紀念品，這些人老是埋怨遊客破壞呂貝宏之美。他們對自然保育的關注，並不包括把自己的垃圾帶走這件事。普羅旺斯的獵人真是一群邋遢鬼。

我到家時，發覺有場小會議正在後院樹叢後的電表周圍舉行。電力公司的查表員打開電表查數字，卻發現螞蟻在那裡頭造了窩，遮住數字，沒法查出我們到底用了多少電。螞蟻非得清除不可。除了吾妻和那位電力公司查表員，孟尼古奇也加入共商大計，我們如今懷疑這位老兄根本就住在鍋爐室裡，而且最愛做的事，莫過於指點我們該如何解決家裡各種棘手的問題。

「哎呀呀，」孟尼古奇停下來，彎下腰，仔細端詳。「還滿多的，這些螞蟻。」他這一回倒是輕描淡寫，這些螞蟻多到看來像黑黑的一塊，填滿了裝著電表的金屬盒子。

「休想叫我碰牠們，」查表員說，「螞蟻會爬進衣服底下咬人。上一次我撥開一個蟻窩，結果整個下午身上都是螞蟻。」

他起身，打量那一團蠕動的玩意，拿著螺絲起子輕敲牙齒。他轉身問孟尼古奇：「有沒有吹焰管？」

「我是水電工，當然有吹焰管。」

「好，那就可以把牠們燒死。」

孟尼古奇嚇呆了，向後退一步，在胸前畫了一個十字。他重重拍了額頭一下，然後伸出食指，好像要表示極不贊同，又像要開始說教，也說不定兩種意思都有。

「我簡直不敢相信你會這麼說，吹焰管？你曉不曉得這裡面的電流有多強？」

查表員看來很不高興。「當然知道。我可是電工。」

孟尼古奇佯作驚訝狀。「是嗎？那你一定知道用火燒通電的電纜會怎麼樣。」

「我會小心用火。」

「小心！小心！我的天，我們可能會和螞蟻同歸於盡。」

查表員把螺絲起子收起來，雙手抱胸。「那很好，我不管這些螞蟻了，你來清吧。」

孟尼古奇想了一下，然後像魔術師正準備表演特別驚人的大魔術似的，先轉向吾妻。「麻煩夫人給我幾個新鮮檸檬，兩三個就夠了，還有一把刀，好嗎？」

充當魔術師助手的夫人帶著刀子和檸檬回來，孟尼古奇把檸檬一切為四。「這個訣竅是有個很老的老人教給我的。」他說，然後咕咕噥噥講了些不大好聽的話，說什麼用吹焰管簡直太愚蠢了——「去他媽的吹焰管哦」——查表員拉長了臉站在樹下。

檸檬都切好後，孟尼古奇走近螞蟻窩，開始來來回回地把檸檬汁擠在螞蟻上，每擠一會兒就停下來查看檸檬酸雨有什麼效果。

螞蟻投降，爭先恐後、彼此踐踏地撤離電表盒，急著逃生。孟尼古奇得意揚揚，「瞧，少年仔，」他對查表員說，「螞蟻受不了新鮮檸檬汁，今天你可學到一課，只要在電表盒留幾片檸檬，就再也不會有蟲災啦。」

查表員顯然並不領情，發牢騷說他又不賣檸檬，而且檸檬汁搞得電表黏兮兮的。「黏兮兮總賽過被燒成灰吧，」孟尼古奇回去管他的鍋爐，臨走拋下這麼一段話，「是啊，黏兮兮總比燒焦好。」

白天暖得可以下水游泳，晚上卻冷得需要生火，正是所謂秋日小陽春的天氣。這樣的天氣陡地就結束了，普羅旺斯的氣候變化典型如此。我們上床就寢時是一個季節，起床時就換了季節。

夜裡下起了雨，接下來大半天，雨一直沒停，不是夏天時那種溫暖的大雨滴，而是一片片灰色的雨，垂直落下，沖刷過葡萄園，壓平灌木叢，讓花壇變得泥濘，泥濘又變成褐色的河流。雨在下午近傍晚時才停歇，我們出門去查看車道——應該說是去看前一天還是車道的地方。

車道在八月那場暴風雨中原已受創，可是和我們這會兒眼前景象相比，當時的損傷只能算是小擦傷。車道上坑洞一個接一個，一路到底，與馬路接壤處堆積了一坨坨的泥土石塊，還有部分車道被沖進房屋對面的甜瓜田，有些碎石和石頭更被沖到一百多公尺遠。此情此景堪比剛爆破的地雷區，不管是誰，除非討厭透了自己的車，否則不會想要把車從馬路上開到我家門前。我們需要推土機來清理這一團亂，還需要好幾噸碎石來填補被雨沖失的部分。

我打電話給孟尼古奇，這幾個月以來，他已成了我們的人身工商電話號碼簿，加上他對我們家又有近乎屋主般的關注，據他跟我們講，他每次提供給我們建議時，都好像要花的是他自己的錢那般。他聽我說明車道流失，偶爾插句話，驚嘆一下——不只一次說「太慘了」，以表示他認可問題十分嚴重。

我說完了，聽得見孟尼古奇唸唸有詞地在列單子：「推土機，好的，卡車、一大堆碎石子、壓路機……」他還哼了一會兒音樂，大概是一小段莫札特，好幫助思考，然後他下定決心，「好的，有位年輕人，是我鄰居的兒子，他可是推土機的藝術家，工錢也公道。他叫桑雪茲，我請他明天過去。」

我提醒孟尼古奇，一般車子沒法開上我家車道。

「他早習慣了，」孟尼古奇說，「他會騎他的特製輪胎摩托車過去，去哪兒都不成問題。」

第二天早上，我看著桑雪茲與車道周旋，好像在參加滑雪障礙賽般，騎著車彎來彎去，避開坑洞，騎過土堆時，站在踏板上往前衝。他熄火，回頭打量車道，整個人上上下下色彩協調，活脫脫瀟灑騎士的帥氣模樣。頭髮是黑的，皮夾克是黑的，摩托車也是黑的。他戴著飛行員式墨鏡，鏡片反光。我不由得在想，他不曉得認不認識我們的保險經紀，也就是那位時髦到不行的符莒先生，他們倆挺配的。

不到半小時，他已經徒步探勘過整片地雷區，估好工錢，打電話訂了碎石，還把確切的動工日期告訴我們，就是兩天以後，他會開著推土機回來。他這話可當真，我們半信半疑，當晚孟尼古奇以救災指導員身分來電時，我對他說，桑雪茲先生效率驚人。

「他們一家都是這作風，」孟尼古奇說，「他父親種甜瓜致富，兒子開推土機致富，他們雖然是西班牙人，做事卻很認真。」他解釋說，老桑雪茲年輕時來法國找工作，開發出一種方法，可以讓自家生產的甜瓜比普羅旺斯他處產品，都早成熟又飽滿多汁。孟尼古奇說，如今他有錢到一年僅需工作兩個月，冬天就會到西班牙的阿利坎特（Alicante）去避寒。

小桑雪茲依約而來，一整天都開著推土機整地，他身手俐落，好像拿著泥刀抹水泥一般，把成噸的土填得平平整整的，看得我目不轉睛。車道填平後，他用巨大的耙齒梳理路面，請我們去看看他的成績。看來完美無瑕，讓人簡直不捨得踏上去，他還把路面整成稍帶弧度，這樣以後再下滂沱大雨，水就會順勢流入葡萄園。

「還行吧？」

我們說，就跟通往巴黎的高速公路一樣好。

「那好，我明兒再來。」他爬上推土機的控制台，以二十四公里的時速，穩健地開走。明天要鋪碎石。

第二天早上，有輛車爬上車道，直抵屋前，車身在停車區抖了兩下，停下來，破壞了新爬梳好的平整路面。那是一輛卡車，看來比老傳運葡萄的貨車更破爛，避震器之鬆垮，鏽跡斑斑的排氣管都快觸地了。車旁站著一男一女，身材都是圓滾滾的，滿面風霜，正饒富興味地打量著房子。這兩位顯然是流動農民工，希望能再找最後一份沾兒，接著就要南下過冬了。

他們看來是善良的老夫婦，我為他們感到遺憾。

「恐怕這裡的葡萄早已採收完了。」我說。

男人笑嘻嘻地點點頭，「很好，趕在下雨前就採完，運氣好啊。」他指著屋後的森林，「我猜，那裡有很多蕈菇吧。」

是啊，我說，有很多。

他們沒有要走的意思，我說，他們只管把車停在屋外沒問題，再去採菇。

「不用了，」男人說，「我們今天要幹活，我兒子就快運碎石來了。」

這位甜瓜富豪打開卡車後面的門，取出泥水匠用的長柄鐵鍬和寬齒木耙。

「其他的，留給他卸下車，」他說，「我可不想壓斷腳。」

我朝車裡望了望，椅背後緊緊綁牢的，是小型蒸汽壓路機，足足有卡車那麼長。

我們等著他兒子來，老桑雪茲先生一邊談起人生和快樂之道。他說，即使已活了這麼一大把年紀了，他仍舊喜歡偶爾勞動幹活。甜瓜的農事早在七月就結束，閒著沒事幹，好無聊，有錢固然是好事，可是人需要的不只是錢而已，既然他喜歡用雙手做工，幹嘛不幫幫兒子？

我從未雇用過富翁，我通常也沒有很多時間跟他們打交道，不過這一位這一天在我們家可待了好久。兒子運來碎石子，一批又一批倒在車道上，爸爸將之鏟起攤開，桑雪茲夫人呢，隨即用木耙堆平壓勻。接著，他們卸下蒸汽壓路機，看來好像大型嬰兒推車，在車道上一板一眼地滾來滾去。小桑雪茲坐在控制台上操縱機器，不時大聲對父母發出指令——這裡再來一鏟，那裡再耙幾下，小心你的腳，別踩到葡萄樹。

果真是全家同心協力，近傍晚時，我們有了一條緞帶般灰褐色的碎石子路，足可入圍《推土機雜誌》的「優雅獎」哩。蒸汽壓路機送回卡車後廂，爸爸媽媽上了前座。小桑雪茲說，工錢會比他預估的少一點，他會算清楚到底是多少，他父親會把帳單送來。

第二天早上我起床時，看見一輛陌生的廂型車停在屋外，我尋找車主，但是葡萄園裡和戶外的小屋裡都沒有人影。八成是哪個懶惰的獵人懶得多走幾步上山，才沒把車停在馬路上。

我們快吃完早餐時，有人輕叩窗戶，我們看見老桑雪茲那張圓圓的褐臉。他說他靴子太髒了，不肯進屋。他六點就進了森林，帶了禮物要送給我們。他自背後拿出他那頂舊格子花紋帽子，裡頭盛滿了野菇。他告訴我們他最喜愛的烹法——蔬菜油、牛油、蒜頭和洋香菜末——又講了一個恐怖的故事，說是有三個人晚餐吃了有毒的蕈菇，鄰居發現時，他們仍坐在桌旁，兩眼瞪得大大的——桑雪茲先生猛翻白眼，示範給我們看——毒菇把這三人整個麻痺了。不過，我們大可放心，他說。他願用生命擔保這帽子裡的蕈菇沒毒，祝您胃口大開！

我和妻子當晚就吃了這蕈菇，每吃幾口便你看我、我看你，觀察對方有無麻痺和翻白眼的跡象。味道可比一般的蘑菇好多了，我們決定投資買一本指南，共用一雙防蛇靴，一人穿一隻。

整修老屋總會到一個階段，你只盼早日完工，至於整修得好不好看、合不合意，已經顧不上了。工程一拖再拖，各種藉口紛紛出籠，比方說，木匠割傷手指，泥水匠的車子失竊，油漆工得了流行性感冒。五月訂的零組件答應六月送貨，結果九月才來，在等待期間，水泥攪拌器、石頭、鐵鍬和鶴嘴鋤什麼的，越來越像是家裡的固定裝備，而我們時不時差一點就想乾脆便宜行事，將就將就算了。在炎熱的夏天，太陽像鎮定劑，讓人對一切淡然處之，能用忍耐的眼光看待一屋子未完成的工作。這會兒我們待在室內時間越來越多，耐心逐漸不再，越來越不高興。

我們隨著建築師克里斯欽巡視全屋，決定什麼工該由誰做，又需要多少時間。

「一般情況下，」迷人又樂觀到不行的克里斯欽說，「只需要六、七天便可做完，幹點泥水工，抹抹水泥，花兩天工夫油漆，好啦，完工。」

我們大受鼓舞，我們對克里斯欽說，近來我們有時會往壞處想，想像在聖誕節早上醒來，周遭仍是瓦礫碎石，一片建築工地景象。

他雙手舉高，肩膀聳起，抬起眉毛，渾身上下都一副備感驚駭的模樣。怎麼會有這種想法哩，一切都已到了接近完工的階段，簡直無法想像還會有所延誤。他會立即打電話給工程小組每一分子，組織一週的密集工作。一定會有進展，不，不只有進展而已，而是會畫下句點。

他們果然一個個抽空前來，第迪耶和他的狗早上七點到，電匠午餐時分來，水泥工拉蒙則在傍晚時過來喝了一杯。他們並不是來工作，而是來看有什麼活兒得做。他們對工程拖了那麼久都表示驚訝，好像這事該負責的是別人，與他們無關。他們每一位都信心十足地告訴我，問題在於他們必須等別人把什麼做完，他們才能動手做什麼。不過，我們提到聖誕節能不能完工時，他們統統放聲大笑。還有好幾個月才是聖誕呢，在聖誕節，他們差不多都可以蓋好一幢房子了。然而，他們都不情願說明究竟哪一天能來。

你何時能來？我們問。

快了，快了，他們說。

我們只得滿足於這個答案。走到屋前，水泥攪拌機屹立不搖，守衛前門台階，我們想像站在那裡的，其實是一棵絲柏樹。

快了，快了。

十一月
Novembre

法國農民很有創意，而且討厭浪費，捨不得丟東西，因為他曉得，光禿禿的拖拉機輪胎也好，有缺口的鐮刀也好，還是壞掉的鋤頭、從一九四九年份雷諾車上搶救下來的齒輪箱也好，總有一天都會派上用場，讓他不必把手伸進他那又深又黑的口袋，翻亂了裡頭的錢。

我在葡萄園邊上發現一個新奇的玩意，鏽跡斑斑，卻顯現農夫心思之巧。一百公升的油桶被縱切去一半，架在窄軌的鐵管框架上，前面拴了一只已不怎麼圓、近乎橢圓形的舊輪胎；後面則凸出兩只不等長的把手。老傅告訴我，這是一輛獨輪手推車，花了極少的錢，特為剪枝季節而造。

秋風已捲走了葡萄樹的葉子，糾結的葡萄枝看來像一叢一叢盤繞成圈的褐色有刺鐵絲。在明春生機重振前，必須剪除枝椏，僅留主幹。枝椏沒有農業用途，纖維太多，冬季時埋在土裡不會腐爛，數量又太多，不能任其堆放在葡萄樹間，會防礙拖拉機行進。務必收集起來燒掉，這時就得用上獨輪手推車了。

它可說是最簡單的行動式焚化爐。桶裡升起火，推車沿著葡萄樹一路往前走一路剪枝，剪下來的枝條隨手扔進火中。等桶子滿了，便把灰燼倒落在地面，同樣過程重新再來。辦法雖然原始，卻很有效率。

我在近黃昏時散步返家，看見一縷細長的藍煙自田邊一角冉冉升起，老傅正在剪枝、燒枝。他直起身子，搔搔背，我同他握手時，發覺他的手又冷又僵硬。他指指一行行已剪枝的葡萄樹，在砂質土壤上，一棵棵活像扭曲的黑爪。

「乾淨好看吧？我喜歡看它們乾乾淨淨，清爽好看。」我請他留一些葡萄枝條給我，收集起來，明夏露天燒烤時可用。記得有一回在紐約一家自稱美食精品店的商店裡，看過標明為「真正葡萄枝」的葡萄枝條，號稱能增添道地的烤肉風味。那些枝條被剪成一般長，整整齊齊地用草繩綑紮起來，一小把就要兩美元，老傅簡直就不敢相信。

「真有人買？」他又看看葡萄樹，估算這一天他燒掉多少錢，然後搖搖頭。又一記殘酷的打擊。他聳聳肩。「真奇怪。」

我們有位朋友住在維松拉羅曼北邊，隆河丘的鄉野，他將受到村子的葡萄酒農表揚，並獲准加入「聖文生會」，也就是當地等同於「品酒騎士會」的組織。頒授儀式將在村公所舉行，接著是晚宴，再來有舞會。晚宴上的酒想必強勁，量又多，葡萄酒農和他們的妻子將蜂擁而至。是必須打領帶的那種場合。

多年以前，我們在勃艮地參加過另一騎士會的晚宴。兩百人穿著全套晚禮服，晚宴一開始，大家都拘謹有禮，主菜上桌時，便已樂融融但鬧烘烘地唱起勃艮地飲酒歌。我們隱約記得，晚宴後看到醉醺醺的騎士們先是到處找自己的車子，而後在親切的警察協助下，努力想打開車鎖，這事回想起來真教人心情舒暢。那是我們頭一回參加旨在讓人人喝到酩酊的晚宴，開心極了。天下愛好葡萄酒者，皆是吾友。

村公所正式名稱為「禮堂」，近年才蓋好，由某位不知名且過勞的法國建築師設計，風格完全不顧周遭的中世紀建築，這位仁兄的人生使命就是要讓每一個村落都有一樣礙眼的事物。這幢建築物具有典型的當代碉堡風格——方方正正如磚塊和鋁門窗組成的盒子，坐落在瀝青庭院中，毫無魅力，卻不缺霓虹燈。

在門口招呼我們的是兩位結實魁梧的男士，臉紅通通的，穿著白襯衫、黑長褲和鮮紅色的寬腰帶。我們說，我們是新會友的客人。

「好的，好的，請進。」多肉的手掌拍拍我們的背，一路跟著我們進大廳。一頭是架高的講台，擺了一張長桌和一支麥克風。大廳左右兩側，沿牆排列了較小的餐桌，中間空出一大塊，擠滿了葡萄酒農和他們的朋友。

談話聲浪震耳欲聾；男男女女習於隔著葡萄園彼此喊話，這會兒很難降低音量，再加上廳內的回音，轟隆隆的，氣勢足可與密斯脫拉風一較高下。不過，如果說談話聲直接來自田野，那麼衣著肯定是星期天才上身最好的一套：男士穿著深色西裝，襯衫領緊勒著受盡風吹日曬的脖子，很不舒服的樣子；女士穿著精心裁製、色彩鮮豔的連衫裙。有一對夫婦衣著格外講究，華麗到不行。女士的衣服上綴著灰色珠珠，閃閃發亮，褲襪後頭也搭配縫上灰羽毛，她一走路，雙腳好似振翅翩翩飛起。她的丈夫穿了黑色滾邊的白外套，帶褶邊的襯衣滾了更多黑邊，配上黑色正式西褲。不知是一時大意，還是行頭有限，他腳上穿的是平實的褐色粗跟鞋。儘管如此，我們敢說，舞會開始時，就看這兩位了。

我們找到朋友一家人，他環顧廳內，一臉迷惑，有點不自在。我們以為是莊嚴的氣氛讓他神經緊張，然而問題更為嚴重。

「我沒看到有吧台，」他說，「你有看到嗎？」

有一面牆擺了酒桶，桌上有酒瓶。要是把村子各家酒窖的酒都倒出來，全村都會淹進隆河丘酒匯成的酒海，可是，沒有吧台。我們看看在場同歡的其他人，又發現一件令人擔憂的事。沒有人手上端著酒。

我們簡直想伸手到最近的一張桌子去搶一瓶酒，這時擴音機裡傳出響亮的喇叭聲，阻止我們做出如此丟人現眼的事。會友列隊魚貫進場，在講台的桌後各就各位，一共有十幾人，披著斗篷，戴著寬邊帽，有的手持羊皮紙卷，其中一位捧著一本又大又厚、氣派不凡的書。我們心想，榮耀之酒隨時就要斟上，宣告典禮開始。

村長抱住麥克風，發表開場致詞。資深會友致詞，他的助手，負責捧書那位，也致詞。三位新會友，一位位被請到講台上，聆聽前輩長篇大論地頌揚這三位如何熱愛葡萄酒，是多麼優秀的同行。他們輪流致答詞，接受加諸於其身的榮耀。我聽出吾友聲音有點沙啞，別人說不定以為是激動使然，但我明白他口渴了。

最後，台上邀請全場大合唱由詩人密斯特拉（Frédéric Mistral）以普羅旺斯語寫的一首歌曲。

「神聖之杯且高舉，」我們歌頌，「讓我們一同暢飲自種的美酒。」也該是時候了，頒授式已進行一個多小時，沒有人喝到一滴酒。

大夥顯然都迫不及待入座，神聖之杯總算注滿，見底，又注滿。各桌都如釋重負，我們可以放鬆心情看菜單了。

首先端來鵪鶉肉凍，鵪鶉頭與肉凍分開擺，頭可以在下次宴會中再用，聽說每個頭值兩法郎。接著上海鱸魚。這些都只是頭盤，在你攻向酥皮牛腰肉前，大廚要你先活動活動你的胃口。不過，在上牛肉前，得先來一小份威力驚人的東西，叫做「普羅旺斯窟窿」，那是用極少的水加極多的燒酒做成的冰沙。聽說，目的是要清除口腔餘味，然而說實話，其威力不但可麻醉味覺，而且能麻痺鼻竇和腦袋前半部。不過大廚這麼做有其道理，起先那一口冰凍酒精造成的震撼過去後，我感覺到胃空了，打了個窟窿，我可以面對這漫長的一餐其後的菜色，而且有克竟全功的希望。

喇叭聲又響起，牛肉上場，男女侍者端盤繞桌遊走一番，這才上菜。白酒撤下，換上本地酒農深以為榮的強勁紅酒，菜一道道地上，直到上過蛋奶酥和香檳後，才是起身跳舞的時候。

樂隊走老派路線，顯然沒興趣為只想蹦蹦跳跳的人演奏，而想看到大家翩然起舞。有華爾滋、快步舞，還有幾支大概是嘉禾舞，但是依我看，這一晚的高潮是探戈。我想應該沒有多少人目睹五、六十對何止酩酊的男女想要效法真正的探戈高手，一下子飛撲，一下子轉身，一下子又頓足滑步，斯情斯景，我永生難以忘懷。翹起手肘，左右搖擺腦袋，兩條腿站不穩，拚了命想保持平衡卻腳步踉蹌，從大廳的一頭衝到另一頭，隨時都可能與人互撞或發生意外災禍。有一位小個頭男士，腦袋埋進個子較高的舞伴的乳溝內大跳其舞，看不見周遭情景。穿著珠珠裝和褶邊襯衫的那一對，鼠蹊部貼在一起，背卻向外拱，在人群間穿梭自如，其動作之靈巧，只有布宜諾斯艾利斯的探戈舞場才看得到吧。

奇的是，居然無人受傷。我們離開時已經過了一點了，音樂仍在演奏，酒足飯飽的舞者還在跳舞。我們又再一次對普羅旺斯人的體力讚佩不已。

我們第二天回到家，發覺房子看起來不一樣了，門口台階前整潔得讓人陌生。

水泥攪拌機幾個月來佇立在屋前，已成我家門面不可或缺的一景，那會卻不見了。

這是惡兆。儘管我們並不喜歡這龐然大物杵在門外，但這好歹保證第迪耶和他的泥水匠會回來。現在他們卻偷溜回來把它運走——那可是「我們的」水泥攪拌機啊——八成是要去別處給人做六個月工了。我們本來指望在聖誕節前可以完工，這下子遭受重大打擊。我們太樂觀了。

克里斯欽照例還是滿懷同情，要我們放心。

「他們得去馬贊一趟……有件緊急的工作——有位老寡婦家的屋頂……」

我感到良心不安，比起老寡婦受風吹雨打的苦況，我們的問題算什麼呢？

「放心，」克里斯欽說，「兩天，也許三天，他們就會回來把工作做完。還要好久才是聖誕節，好幾個星期呢。」

我們心想，沒有多少個星期了。吾妻提議綁架第迪耶的長耳犬當人質，他愛狗甚於愛水泥攪拌機。這主意不錯又大膽，只是那條狗從不離第迪耶的左右。嗯，不綁架狗，那就綁架他太太吧。我們幾乎是不擇手段，什麼都肯做。

未完成的工作，尤其是臨時應急用的窗戶和壁上的隙縫，在冬季吹起密斯脫拉風時更形顯著。風颳了三天，院中的絲柏樹被風吹彎了腰，成了綠色的字母C；甜瓜田裡的塑膠布也被撕成碎片，撼動鬆脫的屋瓦和遮陽板，整夜哀鳴。這風惡毒又讓人無從躲避，沒完沒了地撞擊房屋，想要破門窗而入，令人意志消沉。

「是自殺的好天氣，」馬索有一天早上對我說，風把他的八字鬍吹得貼住兩頰。「是真的，再這樣吹下去，就會看到葬禮囉。」

當然啦，他說，比起他小時候，現在的密斯脫拉風算不了什麼。想當年，風一吹便是好幾個星期，對人的腦袋產生怪異又可怕的影響。他告訴我阿諾的故事，他是馬索父親的朋友。

阿諾的馬老了，累了，體力弱了，沒法再做農活兒。他決定把馬賣掉，買一匹年輕的馬回來，於是在一個起風的早上，他牽著老馬，徒步十五公里至艾普特市集，找到買主，談妥價錢，可是那天待售的年輕馬兒都太瘦弱，阿諾空手而歸，打算下星期再去，希望到時有好馬出售。

密斯脫拉風颳了一整週，阿諾又上艾普特市集那天，風還沒停。這一回他走運，買到一匹大黑馬，比當初賣老馬的價錢貴了快一倍，不過，賣馬的人說，他買的是馬的青春，新馬還可以為他幹好多年的活兒。

走到離阿諾的農場僅兩三公里距離時，新馬掙脫了韁繩，逃走了。阿諾拚命追馬，直到跑不動了才停下。他在灌木叢中、在葡萄園裡搜尋，在風中喊馬，咒罵密斯脫拉風嚇跑了他的馬，罵自己太倒楣才會破了財。天黑了，無法再找馬了，他憤怒又絕望地回家。沒有了馬，他耕不了田，完蛋了。

妻子在門口等他，發生了一件怪事：有匹馬，是匹大黑馬，沿著小徑一路奔來，跑進農舍外面的馬房，她餵牠喝了水，拉了一輛小車擋住門口，以免馬逃走。阿諾提著燈去看馬，牠頭上掛著斷掉的韁繩。他摸摸馬脖子，手指沾到了什麼，就著燈光一看，看到汗水沿著馬腹兩側流下，汗水流過之處，露出淡色斑駁的痕跡。他買回了他的老馬。他又氣又羞愧，走進農場後的森林，上吊自殺。

馬索點燃一根菸，聳起肩膀，兩手圈成杯狀以擋風。

「驗屍時，」他說，「有人頗具幽默感。死因記載為，心志受馬干擾而失衡導致自殺。」

馬索咧嘴，點點頭，他講的故事好像結局都很殘酷。

「不過也太傻了，」馬索說，「他應該回去一槍打死那賣馬的——砰！——然後說一切都要怪密斯脫拉風，換作是我，就這麼做。」低檔駕駛的汽車引擎聲打斷了他，使他無法再抒發有關公道正義的見解，一輛與步道齊寬的豐田四輪傳動卡車開過，僅僅稍減速了一會兒，好讓我們及時跳開。是村裡的雜貨商巨福先生，呂貝宏山區山豬的大敵。

我們看過肉店牆上掛著山豬頭，並沒多加注意，不過是鄉間不時會見到的怪異裝飾品又一件。不過今年夏天有一兩次，山豬從較高的山裡乾燥的坡地下來，喝泳池的水，偷吃田裡的甜瓜，自從我們看過活生生的山豬後，就無法直視山豬頭標本了。山豬又黑又壯，腿比一般的家豬長，面帶憂色，臉上有鬍鬚。我們喜歡能極其偶爾驚鴻一瞥地看見山豬，但願獵人能放過牠們。可惜，山豬肉嚐來像鹿肉，獵人在呂貝宏山區對牠緊追不捨。

巨福先生是公認的冠軍獵人，現代機械化的獵人。他身著野戰服，車上裝滿火力強大的武器，裝備較遜色的獵人還氣喘吁吁地徒步上山時，他的卡車已開上崎嶇的山道，到達山豬棲息的高坡。車後平台上有一個大木箱，裝著六條獵犬，受過訓練，可以連續追蹤獵物好幾天。可憐的山豬沒有多少勝算。

我對馬索說，這麼多獵人毫不留情地獵山豬，實在令人遺憾。

「可是山豬肉很好吃，」他說，「尤其是小山豬，幼豬。況且，這是自然而然的事。英國人對於動物太濫情了，只有那些追狐狸的人不濫情，他們瘋了。」

風更強也更冷，我問馬索，依他看，這風要颳到何時。

「一天，一星期，誰知道？」他斜著眼看我，「你不會想自殺吧？」

我說，對不起，要令他失望，我好得很，快活得很，期盼著冬天和聖誕節到來。

「聖誕節過後常有很多兇殺案。」他說，語氣儼然在期待最愛看的電視節目，是密斯脫拉風白殺案的血腥續集。

回家的路上，我聽見槍響，希望巨福失手。不論我住在這裡多久，都無法成為道地的鄉下人。同樣的，只要我還是比較喜歡看到山豬走來走去，而非化為盤中餐，我就永遠沒法擁有法國魂。且讓法國人唯口腹之欲是尚，我就繼續與周遭的殺戮欲望保持文明的距離吧。

這自以為高尚的氣魄到了晚餐時就破功，昂莉葉送了一隻野兔給我們，妻子加香草和芥末烤了牠。我吃了兩盤，那滲血的濃肉汁，好吃得不得了。

蘇利瓦夫人是伊鳳大娘小館的八十歲主廚，是她頭一個向我們說起她心目中普羅旺斯最好的橄欖油，她比任何人都有資格這麼說。她不但是卓越的廚師，而且是橄欖油的品酒大師。從尼斯到尼翁，她嚐遍各品牌，根據她專業且審慎的眼光，雷波谷地生產的橄欖油最優。她告訴我們，可以在阿爾皮耶的莫桑（Maussan-les-Alpilles）的小磨坊買到最好的油。

我們還住在英國時，橄欖油是奢侈品，只在調製新鮮美乃滋和沙拉醬汁時才用。在普羅旺斯，它多得是，是日常用油，我們都買五公升的桶裝貨，用以烹調、醃漬山羊乳酪和甜椒，以及保存松露。我們拿來蘸麵包吃、拌萵苣生菜，甚至喝橄欖油預防宿醉。（飲酒前喝一湯匙橄欖油，據說可在胃壁形成保護膜，預防過量年份淺的粉紅酒作祟。）我們如海綿般吸取橄欖油，逐漸學會分辨不同的等級和風味。我們變得挑剔，用油絕不馬虎將就，絕不在一般商店或超市買橄欖油，而上磨坊或油坊去買，我對四處搜購好油的興致之高，不亞於採訪酒莊。

出門一天，上哪兒午餐是很重要的一件事，我們去陌生的地方以前，一定仔細研究戈米氏指南和地圖。我們發覺，莫桑和雷波的勃恩馬尼耶餐廳距離之近，簡直危險，那裡食物好得令人難忘，帳單也令人難忘。還好蘇利瓦夫人救了我們，我們才未受到誘惑。「去巴拉杜（Le Paradou），」她告訴我們，「在咖啡館午餐，一定要正午以前就到。」

那是寒冷而晴朗的一天，這天氣正適合好好吃一頓。我們在正午前幾分鐘走進「巴拉杜小館」，撲鼻而來是大蒜和燃燒木材的氣味，頓時讓我們胃口大開。長形的屋子升了好大的一爐火，有古老的大理石台面餐桌，還有鋪著瓷磚的簡單酒吧，廚房裡傳來鍋鏟碗盤碰撞的哐啷聲，這裡應有盡有，老闆卻說，就是沒有我們的座位。

室內那會兒仍然空盪盪的，可是他說十五分鐘之內就會客滿。他歉然地聳聳肩。他看看吾妻，美食明明近在眼前，其實遠在天邊，她臉上露出慘遭椎心之痛的表情。老闆眼見這位女士臉上寫滿了痛苦，心軟了，讓我們在面對著爐火的桌子坐下，在我倆之間放了盛在厚玻璃瓶中的紅酒。

常客三五成群，熱熱鬧鬧，陸續進門，直接走每天固定的老位子。不到十二點半，室內座無虛席，老闆是唯一的侍者，兩手都端著盤子，忙得不可開交。

餐廳經營走簡單路線，免除顧客點菜時舉棋不定的困擾。一如奔牛村的車站咖啡館，端什麼酒、菜給你，你就吃什麼喝什麼。我們吃了清脆油亮的沙拉、切成片的粉紅色鄉村香腸、蝸牛鱈魚水煮蛋三拼佐大蒜美乃滋，還有豐維耶（Fontvieille）的香濃乳酪和店家自製水果塔。這樣的一餐，法國人視之為理所當然，遊客卻多年無法忘懷。我們呢，半是本地人半是遊客，則又一次欣然發現好吃的館子，在某個寒冷的日子，我們可以空腹來此，心裡明白，自己將吃得飽飽的，渾身暖洋洋地離開。

我們到達莫桑的橄欖油坊，卻來早了兩個月。新一季的橄欖要到一月才採收，那時才能買到最新鮮的油。幸好，磨坊的經理說，上一年份橄欖豐收，尚有存油。我們可以四處參觀，他會幫我們包裝好十二公升的油帶走。

此處的正式名稱為「雷波谷橄欖油合作社」，名稱太長了，這幢樸素不起眼的房屋門面幾乎寫不下。房屋藏在小路的一側，屋裡每一處似乎都用油擦拭過，地板和牆壁摸起來滑溜溜，通往橄欖分揀台的樓梯踩上去也是滑的。有幾位先生坐在桌旁，在給瓶瓶罐罐貼上合作社華麗的金色標籤，瓶罐中裝著黃綠色的油——牆上的告示寫著，都是單次冷榨的純淨天然好油。

我們進辦公室去領油，盛在兩公升的罐子裡，經理把六罐打包成一紙箱給我們，還送我們橄欖油皂。

「這個對皮膚最好了，」他說，一邊用纖細的手指彈了彈自己的臉，「至於油，是傑作，兩位用了就明白。」

那天晚餐前，我們把油滴在番茄果肉擦過的麵包片上，試吃了油，彷彿吃下了陽光。

客人照樣不斷來訪，穿著盛夏的服裝，希望碰到可以下水游泳的天氣。他們深信普羅旺斯是地中海氣候，發現我們穿著毛衣，晚上升火取暖，喝的是冬季的葡萄酒，吃的是冬季食物，大感沮喪。

十一月都這麼冷嗎？天氣不是一年四季都很熱？我們告訴他們，冬季會積雪，夜裡氣溫在零度以下，寒風刺骨，他們一臉的失望，好像是我們謊稱這裡有如熱帶，把他們騙到了北極。

據說普羅旺斯是日照充足卻寒冷的地方，誠然，十一月底了，天空依舊明亮湛藍如五月，澄澈得讓人心情飛揚，按照老傅的說法，這可是不祥之兆。他預測今冬天氣嚴寒，氣溫之低，橄欖樹會凍死，就像一九七六年那樣。他幸災樂禍地預言，雞會凍僵，老人會凍死在床上。他說，肯定會長期停電，警告我們要找人掃煙囪。

「你會日夜都燒木頭，」他說，「這時，煙囪就容易起火。消防隊來救火後，要是你提不出曾清掃煙囪的證明文件，他們就會罰你一大筆錢。」情況還可以更糟，要是房子因煙囪起火而燒毀，你要是沒證明文件，保險公司不理賠。老傅看著我，表情凝重地點點頭，我則專注地想像我們挨風受凍，沒有了家又破產的情景，而這一切都是因為沒掃煙囪。

我問他，可是，倘若證明文件跟房屋一起付之一炬，怎麼辦呢？他沒有考慮到這一點，我想他大概很感激我提醒他另一宗可能發生的禍事。即便是杞人憂天如他，也需要不時來一些新的憂慮，不然就會變得太沾沾自喜了。

我從卡瓦雍延請首席煙囪工人貝爾特拉摩先生，帶著他的刷子和吸塵品來我們家。這位先生個子很高，彬彬有禮，滿是煤炭的臉上挺著鷹鉤鼻。他打掃煙囪已經二十年了，據他說，他清理過的煙囪從來就沒有起過火的。他掃完煙囪後，開具清掃證明給我，還蓋了他髒兮兮的指印，祝我冬季愉快。「今年不會很冷，」他說，「已經一連有三個寒冬，第四年照例都不會冷。」

我問他是否要去掃老傅家的，並且交換一下有關氣象預報的情報。

「不，我從來不去他家，他太太自己掃煙囪。」

大地封凍，正在休養生息。

普羅旺斯的冬日有種怪異又不真實的氣氛，

寂靜加上空曠，給人與世隔絕、與普通生活脫軌的感覺。

我們的山谷冬眠了，

但在清爽乾燥的空氣中還有一種特別的氣味，

那是極之原始質樸的生活氣味。

El
campo de
Provence
cubierto por las
nieves (año de
nieves, año de bienes
es una señal de
maravilla.

pueblo
tipico
cielo

十二月
DÉCEMBRE

郵差高速開上屋後的停車空間，猛一倒車，撞上車庫牆，撞碎自己的後車燈。他似乎並未注意到車子受損，走進庭園，滿面笑容，揮舞著一個好大的信封。他直接走向酒吧，手肘往吧台一放，帶著期待的眼神看著我。

「早安，年輕人！」

很久沒有人叫我年輕人了，而且郵差平時並不會把信送進屋裡。我有點不解，請他喝杯酒，他正等著呢。

他對我眨眨眼。

「來一點茴香酒嘍，」他說，「有何不可？」

敢情今天是他生日？他要退休了嗎？還是中了樂透大獎？我等著他說明心情何以如此高昂，可是他只忙著告訴我上週末他朋友打中山豬的事。我會不會烹調山豬肉呢？他從怎麼給山豬開腸剖腹、吊起風乾，到肢解、烹飪，整個血淋淋的過程都講了一遍。茴香酒見底了，我看得出這不是他今早喝的第一杯，我再替他倒一杯，他沒拒絕。接著，他才進入正題。

「我替你們帶來郵局出的月曆，」郵差說，「上面有所有聖徒的節日，還有些好看的美女圖片。」

他從封套中取出月曆，一頁翻過一頁，找到一張照片，是一位穿著椰子殼的少女。

「您看看！」

我說，我很感謝他這一番好意。

「不要錢哦，」他說，「不過想付錢也成。」

他又眨眨眼，我總算了解他來訪的目的了。他是來收聖誕節小費的，不過到人家門前伸手要錢，未免太難看，我們必須按照渋月曆的規矩你來我往一番。

他拿了錢，喝完酒，開車轟然駛往下一戶人家，在車道上留下他的後車燈碎片。

我回屋時，妻子正在看月曆。

「你知道嗎？」她說，「只剩三週就是聖誕節了，建築工人卻還是不見蹤影。」

她提出一個只有女性才想得出來的點子。她認為，耶穌基督的生日顯然不夠成為房屋必須完工的重要理由，不論房子有沒有整修好，聖誕節反正都會來臨，大夥要到二月才會從新年宿醉中醒過來，結束假期。所以我們該做的一件事就是，邀請這些工人在完工後來我家開派對慶祝，而且邀請的不單是他們本人而已，每一位的妻子也務必賞光。這個出自直覺的主意暗藏心機，基於兩項假設：

一，這些太太從未看過丈夫在別人家的工作成果，因此會十分好奇，對這項邀約感到心動。二，沒有一位太太會樂意見到只有自己的丈夫尚未完成那一份工作，害她們在其他太太與所有人面前丟臉，接著下來，夫婦倆在回家的車程上少不了吵上一架。

真是個妙計。我們挑中聖誕節前最後一個星期天，發出請帖：從上午十一時起敬備香檳。

不到兩天，水泥攪拌機回到屋前。第迪耶和他的助手興高采烈、吵吵嚷嚷地從上次沒做完的地方做起，彷彿中間根本沒有三個月的斷層。他們沒給理由，沒有直接解釋為何突然復工。最接近說明的一次，是有一回第迪耶隨口提到，想在去滑雪前完成所有的工作。他說，他和妻子樂意接受我們的邀請。

我們算過，如果每一位都應邀而來，就會有二十二位，統統擁有普羅旺斯人的好胃口。加上日期靠近聖誕節，他們會期待我們準備帶點節慶意味的食品，而不只是一盅橄欖、幾片香腸。吾妻列起食物清單，屋裡到處是寫著備註和提示的紙條：兔肉凍！蝦子佐美乃滋！小披薩！蘑菇塔！橄欖麵包！要準備多少個乳酪鹹派？小紙條到處都有。我的單子上只寫了香檳兩字，相形之下既單薄又不稱頭。

我們有一位朋友有親戚住在佩里格，一個寒冷的早上，這位朋友送來焦點美食。那是一整付肥鵝肝，生的，所以比已調理好的成品便宜很多。我們只需要加以烹調，然後加一點黑松露就好。

我們打開包裝，貢獻這付肥肝的鵝生前想必大如小飛機吧。這肝可真大，我雙手掬滿那一團油潤深黃色的肥肝，捧著它放上砧板，按照朋友的指示切肝，塞進玻璃罐中，手指顫抖著把松露薄片加進去，這簡直像在燒錢。

罐口封好，入沸水鍋中煮整整九十分鐘，待冷卻後放進冰箱冷藏，跟著收進地窖裡。妻子把單子上的肥鵝肝這一項槓掉。

一年已到盡頭，天空仍如此湛藍，也沒有在英國聖誕前數週那幅忙亂的景象，教人感覺怪怪的。我們山谷裡唯一與節慶有關的蛛絲馬跡，是離我們家約一公里半的龐瑟先生家傳出的怪聲響。我一連兩天早上從他家門前走過，都聽見可怕又粗礪的叫聲，不是恐懼或痛苦的叫聲，而像怒吼聲。我猜不是人的聲音，又不敢確定，我問老傅有沒有注意到。

「哦，那個呀，」他說，「龐瑟在給他的驢子整修門面。」

聖誕夜，梅納布的教堂要佈置一個逼真的聖誕馬槽，龐瑟先生的驢子是重要配角，自然得打扮得體面又漂亮，可是這頭驢子討厭被人刷洗梳毛，人家這麼對待牠時，牠可不會忍氣吞聲。老傅說，聖誕夜那晚，牠肯定看來挺稱頭，不過大夥最好放聰明一點，別靠近牠的後腿，眾所周知，牠後腿踢人的勁道可足了。

村裡正在遴選扮演襁褓中耶穌的嬰兒，年紀和性格相稱的寶寶都必須備選。最重要的是性情要適合——盛會開始時有辦法保持清醒，因為活動要過了午夜才開始。

除此以外，也除了郵差塞進信箱的賀卡以外，彷彿還有好幾個月才到聖誕節。我們家沒有電視，所以看不到刻意營造歡樂氣氛的廣告；沒有聖誕頌歌聲，沒有辦公室同仁派對，沒有聲嘶力竭地倒數宣告尚餘幾天可以血拚。這情況可真叫我喜歡，妻子則覺得有點怪怪的，好像失落了什麼。我怎麼沒有聖誕精神？怎麼沒有槲寄生？怎麼沒有聖誕樹？我們決定去卡瓦雍找找看。

我們立刻就得到獎勵，看見聖誕老人。他穿著寬鬆的紅色毛呢長褲、滾石樂隊T恤，戴著毛皮邊尖頂帽和假鬍子，我們走在甘貝塔大道上時，他搖搖晃晃地朝著我們走來。遠遠看過去，他的鬍子彷彿著火了，等他走近，我們才看出鬍鬚間夾著一截香菸。他腳步踉蹌地經過我們身旁，酒氣薰人，吸引了一群小孩注意，他們的媽媽可得好好地解釋一番了。

街上掛滿了彩燈，音樂聲自酒吧和商店敞開的大門流淌出來，人行道上堆著聖誕樹，巷子裡的攤子上，有個戴著喉部麥克風的男人在叫賣床單。「看看這個，夫人，質料是純的特拉龍啊！要是有一點毛病，我給妳五千法郎。」有位老農婦開始一公釐一公釐地檢查，那男人一把搶走。

我們轉過街角，差一點撞上一副鹿的屠體，那玩意就掛在肉店門口，呆滯地瞪視著掛在牠旁邊的山豬。櫥窗裡掛著一排已拔毛的小鳥，脖子斷了，鳥頭整齊地折往胸骨疊好，這些鳥是聖誕節前的特賣品，買六送一。肉販闔上了鳥嘴，繫了紅緞帶和常青樹綠葉做裝飾。我們嚇得打起了哆嗦，繼續往前走。

普羅旺斯的聖誕肯定有其最重要的成分，從櫥窗陳列的商品、排隊的人潮和換手的鈔票看來，衣服、玩具、音響等有的沒的都只是附帶品，聖誕節最重要的大事就是，吃東西。生蠔、螯蝦、雉雞、野兔、肉醬、乳酪、火腿、閹雞、蛋糕和粉紅香檳，這些東西我們看了一上午，還沒吃就覺消化不良。於是帶著聖誕樹、槲寄生和我們那一分聖誕精神，打道回府。

兩位穿制服的先生在等著我們，他們那輛沒有標誌的車停在屋外。我一看到他們，便油然而生起罪惡感，是覺得自己犯了什麼罪呢，我也說不上來，不過我只要看到穿制服的人就會這樣。我搜索枯腸，想著自己近來幹了什麼法蘭西第五共和所不容之事。這兩位男士下車來，向我敬禮致意。我放下心中大石頭，法國人再怎麼拘泥形式，官僚作風已臻至化境，在逮捕人以前，也不會先跟人敬個禮。

他們其實不是警察，而是卡瓦雍的消防隊員。他們問我能否進屋去，這時我不免在想自己把清掃煙囪的證明擱到哪兒去了。他們顯然是來做抽樣調查，要揪出沒有清理煙囪的人家。

我們圍著餐桌而坐，其中一位男士打開手提箱。「我們帶來沃克呂斯消防隊的官方月曆。」他把它放在桌上。

「您看，上面註明了所有聖徒的誕辰。」

是註明了沒錯，就跟郵局的月曆一樣。不過，這份月曆並沒有穿著椰子殼的妙齡女子，畫面上是消防員高樓救火、急難救助、搜救山難，還有手持消防水管各就各位的英姿。法國鄉間的消防員提供所有緊急服務，他們會解救掉進山裡坑洞的狗、送你去醫院，還有替你家滅火。從各個角度來看，他們都功德無量，值得敬佩。

我問可不可以捐款呢。

「當然可以。」

我們拿到收據，稱我們為卡瓦雍消防隊之友。兩位消防隊員又敬了禮，往山谷更深處去碰碰運氣，我們希望他們受過訓練，深諳遭受惡犬攻擊時因應之道。要跟馬索募款，危險不亞於救火。我想像得到他躲在窗簾之後偷看，獵槍在手，放任他的狼狗撲向入侵者。我看過這幾隻狗因為沒有人可咬，就拚命攻擊一輛汽車的前輪，把車輪當成生牛肉一般咬爛撕碎，邊咬邊把橡膠碎片吐出來。車裡的人嚇得趕緊倒車，馬索袖手旁觀，微笑著抽著他的菸。

我們家這下子有兩份月曆了，聖誕節一天天接近，八成還會有第三份送來，那一份想來也該捐出好一筆款項。這十二月以來，每逢星期二、四、六，衛生部門的英勇志士們都會來到我們家車道盡頭，停下收拾多到令人難以啟齒的空瓶、做完地中海魚羹後臭氣沖天的廚餘、狗食罐頭、碎玻璃杯、斷瓦碎石、雞骨頭，還有形形色色、大小不一的家用垃圾。什麼也難不倒他們，不論垃圾堆得有多高多臭，清潔工人都可以佇立在車後，每到一站就下車，把垃圾拋進垃圾車那油膩的開口中。夏天時分，他們想必就快窒息，到了冬天，又簡直凍得想掉眼淚。

清潔工人終於開著標緻車來了，那車看來像是要在進廢料場前，最後一次出來兜風。兩位快活但不大乾淨的仁兄用力跟我握手，吐出茴香酒氣。我看見車後座有兩隻兔子和幾瓶香檳。我說，偶爾能拾整瓶的酒，真不錯啊。

「我們才不要空瓶呢，」其中一位說，「不過您該看看有些人留了些什麼給我們。」他做了個鬼臉，捏起鼻子，秀氣地翹起小指頭，「好髒哪。」

他們拿了小費，很高興。我們希望他們會上館子好好吃喝一頓，吃得一片狼藉，讓別人來收拾。

第迪耶彎腰駝背，半蹲著在用簸箕和刷子清掃角落裡的水泥碎屑。見到這部專司破壞的人身機器做這樣瑣細的雜事，真叫我精神振奮，這意味著他的活兒做完了。

他站起來，把簸箕裡的東西倒進紙袋，跟著點起香菸。「好了，」他說，「一般情況下，油漆匠明天會來。」

我們走到屋外，艾利克正把鐵鍬、水桶和工具箱搬進卡車後廂。第迪耶笑嘻嘻地說，「把水泥攪拌機搬走，不介意吧？」

我說我們應該可以適應，這兩位就把它推上木板坡道，緊緊綁在駕駛座後面。第迪耶的長耳犬豎著腦袋，注視水泥攪拌機被搬上卡車，然後跳上卡車，躺在儀表板旁邊。

「走囉！」第迪耶伸出手，握來像龜裂的皮革，「星期天見。」

第二天，油漆匠來了，漆好，走了。鋪地毯的尚皮耶來了。太太們顯然決定了，她們大駕光臨前，每一項工作都得辦妥。

星期五晚上，地毯只差最後幾公尺就鋪好了。

「我明早過來，」尚皮耶說，「這樣您下午就可以搬家具。」

到了中午，只剩下一個步驟，把地毯嵌進門檻的板條就大功告成了。尚皮耶在地板上鑽洞，好把板條用螺絲拴緊，這時卻鑽破地板下的熱水管，一股水柱往上噴，形成小噴泉，被門口這麼一框，倒挺美的。

我們切斷水源，把濕地毯捲回去，打電話給孟尼古奇先生。這一年來不時有緊急事項求助於他，他的電話號碼我早已背得滾瓜爛熟，也知道他一開口便會說什麼。

「哎呀呀，」他沉吟一會兒，「地板得撬開，好讓我焊接水管。最好警告下尊夫人，會有一點灰土。」

夫人出門買吃的東西去了。她原本以為回家時，臥室、浴室和更衣室統統都乾淨整潔，鋪著地毯，這下子她可要意外了。我建議尚皮耶基於醫療健康理由，還是回家的好，她說不定會想殺了他。

「怎麼這麼吵？」

她在屋外停車，我趕忙過去，她問道。

「是孟尼古奇在鑽東西。」

「哦，當然。」

她冷靜得異常，好危險。幸好尚皮耶走了。

孟尼古奇為了找出破洞，已在地板上鑽了一條溝，我們看得見熱水管和那個圓整的孔。

「好，」他說，「焊接以前，得先確定水管沒有堵塞。兩位請站在那兒看，我去浴室開水龍頭。」

我看著，孟尼古奇打開了水龍頭，髒水噴上我的臉。

「你看到什麼？」他在浴室裡喊道。

「水。」我說。

「好極了，水管是通的。」

他修了水管，回家去看電視上的足球賽。

我們動手抹起地板，彼此安慰說，還算好啦，地毯會乾，需清掃的土石裝不滿一簸箕，吹焰管的焦痕可以補漆掩飾。說到底，只要不去看那鋸齒狀的溝，我們打量周遭，這屋子算是整修完成了。無論如何，我們別無選擇，再過幾小時就是星期天。

我們料想客人最早也要十一點半才會來，卻低估了香檳對法國人那磁石般的吸引力。剛過十點半，就有人來敲門。不到一小時，除了第迪耶夫婦外，所有人都到齊。他們靠著客廳的牆排排坐，拘謹有禮，穿著最好的衣服，偶爾脫離牆的庇護，猛然伸手去抓食物。

我身兼專管倒酒的侍者，注意到法國人和英國人之間另一項根本的差異，英國人應邀小酌時，不管是講話、抽菸還是吃東西，酒杯從不離手。只有在非得空出兩手做別的事，好比擤鼻涕或上洗手間時，才會勉強放下杯子，可是也絕不會讓杯子遠離視線。

法國人則不同。你剛把杯子給他，他馬上就放下，大概是因為只有一隻手是空的，太難聊天了。杯子因此成群結隊，過了五分鐘，就分不清哪只杯子是誰的。客人都不願意拿別人的杯子，又弄不清楚哪只是自己的，只能眼巴巴地瞧著香檳酒瓶。我再拿新的杯子給大家，同樣的狀況又再來一遍。

我正納悶我們的酒杯何時會用完，不得不拿茶杯來喝酒，傳來一陣熟悉的柴油引擎聲，第迪耶的卡車開到屋後停下，他和他的妻子從後門進來。怪了，我知道第迪耶有轎車，其妻又從頭到腳一身漂亮的褐色麂皮行頭，坐在散落著碎石子的卡車座位上，想必不大舒服。

克里斯欽從房間另一頭走過來，把我拉到一邊。

「恐怕有點小狀況，」他說，「你最好到屋外看看。」

我尾隨著他，第迪耶挽起吾妻的臂膀，跟在我後面。我們繞過屋外時，我回頭一看，大夥全跟過來了。

「瞧！」克里斯欽指著第迪耶的卡車說。

卡車後部平時安放水泥攪拌機的地方，有一個高一公尺、直徑一點二公尺的球狀物，包著鮮綠色的皺紋紙，紙上還有紅白藍三色的蝴蝶結花樣。

「這是咱們大夥送給兩位的，」克里斯欽說，「來，拆開吧。」

第迪耶嘴裡叼著菸，兩手合掌權充馬鐙，英勇又毫不費力地將吾妻從地面抬上齊肩的高度，好讓她站上卡車。我跟在後頭爬上去，一起撕開綠色包裝紙。

在掌聲和水泥工拉蒙尖銳的口哨聲中，我們拆下最後幾片紙，站在陽光下、卡車上，看著周遭仰望著我們的臉龐，還有我們的禮物。

那是一座骨董大花盆，圓形的大盆，在尚無切割機器的時代，由一塊石頭以手工切割而成。邊很厚，略不規則，顏色是經過風吹日曬後滄桑的淡灰色。花盆裡已填了泥土，種了報春花。

我們不知該說什麼、怎麼說，既意外又感動，用不靈光的法語結結巴巴、盡力表示謝意。幸好，拉蒙打斷了我們。

「媽的！我渴了，講夠了，咱們喝一杯吧。」

頭一小時的拘謹煙消雲散，大夥脫下外套，向香檳酒展開猛烈攻勢。男士領著太太參觀屋子，展示他們的工作成績，把浴室裡用英文標示「熱」、「冷」的水龍頭指給太太看，打開抽屜查看裡頭的木工做得細不細，好像好奇寶寶似的東摸摸西摸摸。

克里斯欽組織好人馬，把石花盆從卡車上搬下來，八位穿著星期天好衣服的微醺男士，不知怎的就把那足以致命的大塊頭，從車上沿著兩塊被壓彎的板子運下車了，居然也沒受傷。拉蒙夫人在旁監工。「好，英勇的男士們，」她說，「請別弄髒了手指甲。」

孟尼古奇夫婦率先告辭，他們光榮卸下消滅肉醬、乳酪、糕餅和香檳的責任，去吃遲來的午餐。然而禮數不能不顧，於是他們一一和其他客人握手、吻頰、互助胃口大開。如此這般，道別儀式進行了十五分鐘。

其他人看來今天要賴著不走了，他們吃著喝著，慢慢把手邊搆得著的東西都吃掉喝掉。拉蒙自告奮勇扮諧星，一連講了好幾個笑話，一個比一個粗俗好笑。他說明過把鴿子放進冰箱以辨別其性別的方法後，停下來喝杯酒。

「你太太這麼好的一位女士，怎麼會嫁給你這個可怕的老傢伙啊？」第迪耶問。

拉蒙極其慎重地放下他的香檳，兩手伸開，好像漁夫在形容有條漏網之魚有多長。幸好，拉蒙太太硬塞了一大塊披薩到他嘴裡，阻止他繼續往下講。那是老套了，她早就聽過。

太陽從庭園一頭移到另一頭，院子這會兒浴在午後的陰影中，客人紛紛行告別儀式，又是一陣握手、吻頰，以及暫停一會兒再喝最後一杯。

「來吃午餐吧，」拉蒙說，「還是晚餐。現在幾點了？」

下午三點了，吃吃喝喝四個小時後，我們可吃不下拉蒙想請我們享用的北非庫斯庫斯餐。

「嗯，好吧，」拉蒙說，「如果你們在節食，就算了。」

他把車鑰匙交給妻子，自己靠在乘客座上，兩手交叉，擱在肚皮上，想到又要好好吃一頓，笑容滿面，他說服了其他幾對跟他們一起去用餐。我們向他們揮手道別，回到空盪盪的家裡，盤子空了，酒杯也見底。酒會很成功。

我們看著窗外花團錦簇、萬紫嫣紅的石花盆，起碼得四個男人才能把它從車庫搬到庭園，而我們明白，在普羅旺斯要一次找齊四個男人，可不是一晚上就能辦妥的事。人家得先過來看看，喝兩杯，熱烈爭論一番。好不容易訂好日子後，便將之拋諸腦後，聳聳肩，日子就一天天地過去。也許到明年春天，我們會看到花盆擺在合適的地方。我們逐漸學會以季節為單位來思考，而不是以幾天或幾週來算。普羅旺斯不會為我們改變步調。

肥鵝肝還有剩，加熱切成薄片後，足夠用來佐沙拉吃。泳池淺水處也還冰鎮著僅存的一瓶香檳。我們給壁爐又添了一些柴，想著那即將到來、我們在普羅旺斯的第一個聖誕節，會是何等光景。

說來諷刺，我們一整年以來客人川流不息，因為房子在施工，這些客人得容忍很大的不便，並生活在原始條件下，這會兒我們有了裝修好的房屋，乾淨整潔，卻只有我們夫妻兩人。最後一批客人上星期走了，下一批要與我們共同迎接新年。聖誕節就我們倆獨處。

我們在陽光中醒來，山谷寧靜空曠，廚房沒有電，本來打算進烤箱的羊腿獲得緩刑，我們的聖誕午餐恐怕就只有麵包和乳酪可吃。地方上各家餐館老早就預定滿了。

總是在這樣的時刻，當口腹之欲有遭受危機之虞時，法國人便會發揚天性中最有同情心的一面。告訴他們你受了傷，破了產，他們要嘛哈哈笑個兩聲，要嘛不客氣地表示同情。然而對他們表示你遭遇到美食困難時期，他們就會上天入地，甚至幫你在餐館裡弄到位子。

我打電話給必歐村魯布客棧的主廚莫里斯，問他有沒有人取消訂位。沒有，客滿。我們說明我們的難處，電話那一頭驚懼得說不出話，過了一會兒，「兩位可能得坐在廚房裡吃，不過就來吧，我給兩位安排一下。」

他讓我們坐在廚房門和壁爐之間的一張小桌子旁，隔壁是歡樂的一大家子人。

「我有羊腿，看你們喜不喜歡。」他說。我們告訴他，本來還想把家裡的羊腿帶來請他烹調呢，他露出微笑，「今天可真不能沒烤箱。」

我們慢慢享用美味的一餐，說起這一年的時光，一晃眼就這麼飛逝了，還有好多事物尚等著我們去看、去做：我們依舊說得一口破法語，文法差，還摻著建築工人的俚俗用語。我們不知怎的錯過整個亞維儂藝術節、勾樂村的驢子賽跑、手風琴比賽、老傅一家八月到下阿爾卑斯山的旅行、吉恭達的葡萄酒節、梅納布村的狗展，還有外面的世界好多的活動。這一年，我們鑽進自己的小天地，大多數時候待在家裡、山谷中，專注於日常的種種小事，這些小事有時令我們洩氣，往往給我們帶來不便，卻從來不乏味、讓人失望。最重要的是，我們感到安然自在。

莫里斯送來燒酒，拉了一張椅子坐下。

「聖誕快樂，」他用帶著法國腔的英語說，隨即轉換回法語，「恭賀新禧。」

彼得·梅爾寫給普羅旺斯
最後的情書！

再見，山居歲月

我在普羅旺斯美好的 25 年

為了躲避英國糟糕的天氣，彼得．梅爾和妻子來到普羅旺斯，這裡天氣舒適，風景優美，料理美味，居民更是熱情好客，讓夫妻倆起心動念定居下來，但他們很快就遇到難題：挑選的房子產權在好幾代人手裡、電話被左鄰右舍打到電話費爆表、出門散步差點被當作獵物射殺……

然而這些困難並沒有讓他們卻步，反而成為體驗異鄉風情的最佳佐料。畢竟這裡的食物讓人徹底忘記體重計；畢竟這裡的居民發生的趣事永遠也說不完；畢竟這二十五年來，他們從沒想過要離開……

美景＋美食＋美酒＋美女
這本小說讓我們都醉了！

美酒犯罪

美國富豪羅斯收藏的上百瓶珍貴紅酒突然不翼而飛！他的保險公司專員艾蕾娜只好向曾遊走於黑白兩道的舊情人、私家偵探山姆求助，希望能找出名酒下落，降低公司的損失。

山姆一路循線來到了法國馬賽，一邊查尋失酒線索，一邊享受法國的美食和美酒，一邊還要設法挽回艾蕾娜的心。一心三用的他終於找到了最可疑的犯人，但問題是，比起財大氣粗、頤氣指使的老闆羅斯，山姆顯然更喜歡這個優雅的「偷酒賊」，他該如何處理才能圓滿達成任務呢？

國家圖書館出版品預行編目資料

山居歲月：我在普羅旺斯，美好的一年 / 彼得·梅爾(Peter Mayle)著；韓良憶譯. -- 初版. -- 臺北市：皇冠, 2012.10
面；公分. -- (皇冠叢書；第4262種)(Choice；246)

譯自：A Year in Provence
ISBN 978-957-33-2936-7(平裝)

1.遊記 2.法國普羅旺斯

742.89　　101016251

皇冠叢書第4262種
CHOICE 246

山居歲月

我在普羅旺斯，美好的一年

A Year in Provence

作　　者—彼得·梅爾
譯　　者—韓良憶
發 行 人—平雲
出版發行—皇冠文化出版有限公司
台北市敦化北路120巷50號
電話◎02-27168888
郵撥帳號◎15261516號
皇冠出版社(香港)有限公司
香港銅鑼灣道180號百樂商業中心
19字樓1903室
電話◎2529-1778　傳真◎2527-0904
美術設計—程郁婷
著作完成日期—1989年
初版一刷日期—2012年10月
初版七刷日期—2021年05月
法律顧問—王惠光律師

讀者服務傳真專線◎02-27150507
電腦編號◎375246
ISBN◎978-957-33-2936-7
Printed in Taiwan
本書定價◎新台幣320元/港幣107元